Guida pratica GDPR 2024

Marco Coan

GUIDA PRATICA GDPR 2024

Copyright © 2024 Marco Coan

Tutti i diritti riservati.

Codice ISBN: 9798321915066

GUIDA PRATICA GDPR 2024

1.1 Cos'è il GDPR 12
1.2 Scopo e principi del GDPR 13
    1.2.1 Scopo del GDPR 13
    1.2.2 Principi del GDPR 13
    Conclusioni 15
1.3 Ambito di applicazione del GDPR 15
    1.3.1 Titolari del trattamento dei dati 15
    1.3.2 Responsabili del trattamento dei dati 16
    1.3.3 Interessati 16
    1.3.4 Trasferimento di dati al di fuori dell'UE 16
    1.3.5 Settori specifici 16
1.4 Diritti degli interessati 17
    1.4.1 Diritto all'informazione 17
    1.4.2 Diritto di accesso 17
    1.4.3 Diritto di rettifica 17
    1.4.4 Diritto alla cancellazione 17
    1.4.5 Diritto di limitazione del trattamento 18
    1.4.6 Diritto alla portabilità dei dati 18
    1.4.7 Diritto di opposizione 18
2 Responsabile della protezione dei dati (DPO) 19
2.1 Ruolo e responsabilità del DPO 19
    2.1.1 Chi è il DPO? 19
    2.1.2 Quali sono le responsabilità del DPO? 19
    2.1.3 Indipendenza e riservatezza del DPO 20
    2.1.4 Nomina del DPO 20
    2.1.5 Ruolo del DPO nelle piccole e medie imprese 20
2.2 Nomina del DPO 21
    2.2.1 Requisiti per la nomina del DPO 21

- 2.2.2 Procedure per la nomina del DPO 22
- 2.2.3 Ruoli e responsabilità del DPO 23
- 2.3 Compiti e competenze del DPO 24
  - 2.3.1 Ruolo e responsabilità del DPO 24
  - 2.3.2 Nomina del DPO 25
  - 2.3.3 Compiti e competenze del DPO 25
- 3 Principi fondamentali del GDPR 27
  - 3.1 Trattamento lecito dei dati personali 27
    - 3.1.1 Definizione di trattamento dei dati personali 27
    - 3.1.2 Principi fondamentali del trattamento lecito dei dati personali 27
    - 3.1.3 Base giuridica per il trattamento dei dati personali 28
    - 3.1.4 Trattamento dei dati sensibili 29
  - 3.2 Finalità e limitazione del trattamento 29
    - 3.2.1 Finalità del trattamento dei dati 30
    - 3.2.2 Limitazione del trattamento dei dati 30
    - 3.2.3 Esempi di finalità e limitazione del trattamento 31
  - 3.3 Minimizzazione dei dati 32
    - 3.3.1 Riduzione della quantità di dati 32
    - 3.3.2 Conservazione dei dati 33
    - 3.3.3 Sicurezza dei dati minimizzati 34
  - 3.4 Esattezza dei dati 35
    - 3.4.1 Verifica dell'esattezza dei dati 35
    - 3.4.2 Aggiornamento dei dati personali 36
    - 3.4.3 Conservazione dei dati personali 36
    - 3.4.4 Impatto dell'esattezza dei dati 37
  - 3.5 Limitazione della conservazione dei dati 37
    - 3.5.1 Durata della conservazione dei dati 37

- 3.5.2 Criteri per la determinazione della durata della conservazione dei dati 38
- 3.5.3 Principi per la conservazione dei dati 39
- 3.5.4 Esempi di conservazione dei dati 39
- Conclusioni 40
- 3.6 Integrità e riservatezza dei dati 40
  - 3.6.1 Integrità dei dati 41
  - 3.6.2 Riservatezza dei dati 41
  - 3.6.3 Violazioni della sicurezza dei dati 42
- 4 Consenso e base giuridica per il trattamento dei dati 43
  - 4.1 Consenso informato 43
    - 4.1.1 Cosa significa consenso informato? 43
    - 4.1.2 Come ottenere il consenso informato? 43
    - 4.1.3 Revoca del consenso informato 44
    - 4.1.4 Il consenso informato dei minori 44
    - 4.1.5 L'importanza del consenso informato 44
  - 4.2 Base giuridica per il trattamento dei dati 45
    - 4.2.1 Base giuridica prevista dal GDPR 45
    - 4.2.2 Condizioni per l'utilizzo delle basi giuridiche 46
    - 4.2.3 Valutazione della base giuridica 47
  - 4.3 Trattamento dei dati sensibili 47
    - 4.3.1 Definizione dei dati sensibili 48
    - 4.3.2 Basi giuridiche per il trattamento dei dati sensibili 48
    - 4.3.3 Principi per il trattamento dei dati sensibili 48
    - 4.3.4 Misure di sicurezza per il trattamento dei dati sensibili 49
    - 4.3.5 Trasferimento dei dati sensibili al di fuori dell'UE 49
    - 4.3.6 Consenso esplicito per il trattamento dei dati sensibili 49
    - 4.3.7 Ruolo del Responsabile della Protezione dei Dati (DPO) nel trattamento dei dati sensibili 49

4.3.8 Violazioni dei dati sensibili 50
4.3.9 Conclusioni 50
5 Diritti degli interessati 51
5.1 Diritto all'informazione 51
   5.1.1 Cosa comprende il diritto all'informazione 51
   5.1.2 Responsabilità delle organizzazioni 52
   5.1.3 Esempi di informazioni da fornire 53
5.2 Diritto di accesso 53
   5.2.1 Cosa prevede il diritto di accesso? 53
   5.2.2 Come fare una richiesta di accesso? 54
   5.2.3 Risposta dell'organizzazione 54
   5.2.4 Limitazioni al diritto di accesso 55
   5.2.5 Cosa fare in caso di mancata risposta o risposta insoddisfacente? 55
5.3 Diritto di rettifica 55
   5.3.1 Cosa prevede il diritto di rettifica? 56
   5.3.2 Come esercitare il diritto di rettifica? 56
   5.3.3 Limiti al diritto di rettifica 56
   5.3.4 Implicazioni per le organizzazioni 56
   5.3.5 Sanzioni per la violazione del diritto di rettifica 57
Conclusioni 57
5.4 Diritto alla cancellazione 57
   5.4.1 Cosa prevede il diritto alla cancellazione? 57
   5.4.2 Come esercitare il diritto alla cancellazione? 58
   5.4.3 Conseguenze della cancellazione dei dati personali 59
   5.4.4 Sanzioni per la violazione del diritto alla cancellazione. 59
5.5 Diritto di limitazione del trattamento 60
   5.5.1 Quando si può richiedere la limitazione del trattamento 60

5.5.2 Come richiedere la limitazione del trattamento 60
5.5.3 Risposta del titolare del trattamento 61
5.5.4 Ricorso all'autorità di controllo 61
5.6 Diritto alla portabilità dei dati 62
5.6.1 Cosa si intende per portabilità dei dati 62
5.6.2 Come esercitare il diritto alla portabilità dei dati 62
5.6.3 Limitazioni al diritto alla portabilità dei dati 62
5.6.4 Formato dei dati e interoperabilità 63
5.6.5 Impatto sulla responsabilità del titolare del trattamento 63
5.6.6 Benefici del diritto alla portabilità dei dati 63
5.6.7 Ruolo del titolare del trattamento nel garantire la portabilità dei dati 63
5.6.8 Sanzioni per la violazione del diritto alla portabilità dei dati 64
5.6.9 Conclusioni 64
5.7 Diritto di opposizione 64
5.7.1 Cosa significa il diritto di opposizione? 64
5.7.2 Quando si può esercitare il diritto di opposizione? ...65
5.7.3 Come esercitare il diritto di opposizione? 65
5.7.4 Effetti del diritto di opposizione 65
5.7.5 Limitazioni al diritto di opposizione 65
5.7.6 Ruolo del titolare del trattamento nel rispetto del diritto di opposizione 66
5.7.7 Sanzioni per la violazione del diritto di opposizione ...66
6 Sicurezza dei dati e violazioni 67
6.1 Principi di sicurezza dei dati 67
6.1.1 Riservatezza dei dati 67
6.1.2 Integrità dei dati 67
6.1.3 Disponibilità dei dati 68

6.1.4 Risposta agli incidenti di sicurezza 68
6.1.5 Consapevolezza e formazione 68
6.2 Misure tecniche e organizzative 69
    6.2.1 Identificazione e valutazione dei rischi 69
    6.2.2 Accesso e controllo dei dati 69
    6.2.3 Crittografia dei dati 70
    6.2.4 Backup e ripristino dei dati 70
    6.2.5 Formazione e consapevolezza dei dipendenti 70
    6.2.6 Monitoraggio e revisione 71
    6.2.7 Gestione degli incidenti di sicurezza 71
6.3 Gestione delle violazioni dei dati 71
    6.3.1 Definizione di violazione dei dati 72
    6.3.2 Obblighi delle organizzazioni 72
    6.3.3 Notifica delle violazioni dei dati 72
    6.3.4 Gestione delle violazioni dei dati 73
    6.3.5 Sanzioni per le violazioni dei dati 73
7 Trasferimento dei dati al di fuori dell'UE 74
7.1 Principi per il trasferimento dei dati 74
    7.1.1 Base giuridica per il trasferimento dei dati 74
    7.1.2 Adeguata protezione dei dati 75
7.2 Strumenti legali per il trasferimento dei dati 76
    7.2.1 Clausole contrattuali tipo 77
    7.2.2 Regole aziendali vincolanti (Binding Corporate Rules - BCR) 77
    7.2.3 Meccanismi di certificazione e codici di condotta 77
    7.2.4 Deroghe specifiche 78
7.3 Trasferimento dei dati verso paesi terzi 78
8 Conformità al GDPR 81
8.1 Valutazione dell'impatto sulla protezione dei dati (DPIA) ...81

- 8.1.1 Quando è necessaria una DPIA? 81
- 8.1.2 Come condurre una DPIA? 82
- 8.1.3 Ruolo del Responsabile della Protezione dei Dati (DPO) nella DPIA 82

8.2 Registro delle attività di trattamento 83
- 8.2.1 Cosa è il registro delle attività di trattamento 83
- 8.2.2 Importanza del registro delle attività di trattamento 84
- 8.2.3 Come creare un registro delle attività di trattamento....84
- 8.2.4 Verifica e revisione del registro delle attività di trattamento 85
- 8.2.5 Conservazione del registro delle attività di trattamento 86

8.3 Privacy by design e privacy by default 86
- 8.3.1 Privacy by design..86
- 8.3.2 Privacy by default...87

8.4 Responsabilità e sanzioni 88
- 8.4.1 Responsabilità dell'organizzazione......................................89
- 8.4.2 Sanzioni...90

8.5 Cooperazione e coordinamento delle autorità di controllo...91
- 8.5.1 Cooperazione tra le autorità di controllo 91
- 8.5.2 Coordinamento delle attività di controllo transfrontaliere 91
- 8.5.3 Risoluzione delle controversie tra autorità di controllo 92
- 8.5.4 Sanzioni per la mancata cooperazione 92

8.6 Aggiornamenti e adattamenti al GDPR 93
- 8.6.1 Monitoraggio delle modifiche normative 93
- 8.6.2 Adattamenti alle nuove tecnologie.....................................94
- 8.6.3 Valutazione periodica dell'impatto sulla protezione dei dati (DPIA)..94
- 8.6.4 Formazione e sensibilizzazione del personale 94

8.6.5 Coinvolgimento degli esperti 94

8.6.6 Monitoraggio delle best practice 95

8.6.7 Audit interni..95

8.6.8 Collaborazione con le autorità di controllo 95

8.6.9 Mantenere una cultura della privacy....................................96

1 Introduzione al GDPR

1.1 Cos'è il GDPR

Il Regolamento Generale sulla Protezione dei Dati (GDPR) è una normativa europea che è entrata in vigore il 25 maggio 2018. Il suo obiettivo principale è quello di proteggere i diritti e le libertà fondamentali delle persone fisiche, garantendo la privacy e la sicurezza dei dati personali.

Il GDPR si applica a tutte le organizzazioni che trattano dati personali di cittadini dell'Unione Europea, indipendentemente dal fatto che l'organizzazione sia situata all'interno o all'esterno dell'UE. Questo significa che il GDPR ha un'ampia portata e coinvolge molte aziende e organizzazioni in tutto il mondo.

Il GDPR introduce una serie di nuovi diritti e obblighi per le organizzazioni che trattano dati personali. Questi includono il diritto degli interessati di essere informati su come vengono utilizzati i loro dati personali, il diritto di accedere ai propri dati, il diritto di rettifica, cancellazione, limitazione del trattamento e portabilità dei dati, nonché il diritto di opporsi al trattamento dei propri dati personali.

Inoltre, il GDPR richiede alle organizzazioni di adottare misure tecniche e organizzative adeguate per garantire la sicurezza dei dati personali e prevenire la perdita, l'accesso non autorizzato, la divulgazione o la modifica dei dati.

Il GDPR si basa su una serie di principi fondamentali che devono essere rispettati nel trattamento dei dati personali. Questi principi includono il trattamento lecito, equo e trasparente dei dati, la finalità limitata del trattamento, la minimizzazione dei dati, l'esattezza dei dati, la limitazione della conservazione dei dati e l'integrità e riservatezza dei dati.

Il GDPR prevede anche la figura del Responsabile della Protezione dei Dati (DPO), che è responsabile di garantire la conformità dell'organizzazione al GDPR e di fungere da punto di contatto per le autorità di controllo e gli interessati.

In conclusione, il GDPR è una normativa fondamentale per la protezione dei dati personali e la privacy delle persone. È importante che le organizzazioni comprendano e rispettino le disposizioni del GDPR per evitare sanzioni e proteggere la fiducia dei propri clienti e degli interessati. Questo libro fornisce una guida pratica e accessibile al GDPR, offrendo consigli e suggerimenti per la conformità e la gestione dei dati personali.

1.2 Scopo e principi del GDPR

Il Regolamento Generale sulla Protezione dei Dati (GDPR) è stato introdotto con lo scopo di garantire la protezione dei dati personali e di rafforzare i diritti degli individui in relazione al trattamento di tali dati. Il GDPR si applica a tutte le organizzazioni che operano nell'Unione Europea (UE) e a quelle che trattano i dati personali di individui all'interno dell'UE, indipendentemente dalla loro sede.

1.2.1 Scopo del GDPR

Il principale scopo del GDPR è quello di fornire un quadro normativo armonizzato per la protezione dei dati personali all'interno dell'UE. Questo regolamento mira a garantire che i dati personali siano trattati in modo lecito, equo e trasparente, e che siano adeguatamente protetti da accessi non autorizzati, perdite o divulgazioni indebite.

Il GDPR si concentra sulla protezione dei diritti e delle libertà fondamentali delle persone fisiche, in particolare il diritto alla privacy e alla protezione dei dati personali. Questo regolamento mira a garantire che i dati personali siano trattati in modo lecito, equo e trasparente, e che siano adeguatamente protetti da accessi non autorizzati, perdite o divulgazioni indebite.

1.2.2 Principi del GDPR

Il GDPR si basa su una serie di principi fondamentali che guidano il trattamento dei dati personali. Questi principi sono stati progettati per garantire che i dati personali siano trattati in modo corretto, sicuro e trasparente. Di seguito sono riportati i principi chiave del GDPR:

1.2.2.1 Trattamento lecito, equo e trasparente dei dati personali

Il GDPR richiede che il trattamento dei dati personali sia lecito, equo e trasparente. Ciò significa che le organizzazioni devono avere una base giuridica valida per trattare i dati personali e devono informare le persone interessate in modo chiaro e comprensibile su come i loro dati saranno utilizzati.

1.2.2.2 Limitazione delle finalità del trattamento

Il GDPR richiede che i dati personali siano raccolti per scopi specifici, espliciti e legittimi, e che non vengano trattati in modo incompatibile con tali scopi. Le organizzazioni devono garantire che i dati personali vengano utilizzati solo per le finalità per le quali sono stati raccolti.

1.2.2.3 Minimizzazione dei dati personali

Il GDPR promuove il principio della minimizzazione dei dati personali, che significa che le organizzazioni devono raccogliere solo i dati personali necessari per il raggiungimento delle finalità specificate. Le organizzazioni devono evitare di raccogliere dati personali in eccesso o non necessari.

1.2.2.4 Esattezza dei dati personali

Il GDPR richiede che i dati personali siano accurati e aggiornati. Le organizzazioni devono adottare misure adeguate per garantire che i dati personali siano corretti e, se necessario, devono correggere o cancellare i dati inesatti o incompleti.

1.2.2.5 Limitazione della conservazione dei dati personali

Il GDPR stabilisce che i dati personali debbano essere conservati solo per il tempo necessario al raggiungimento delle finalità per le quali sono stati raccolti. Le organizzazioni devono definire periodi di conservazione adeguati per i dati personali e devono cancellarli o anonimizzarli una volta scaduti tali periodi.

1.2.2.6 Integrità e riservatezza dei dati personali

Il GDPR richiede che i dati personali siano trattati in modo sicuro e protetto da accessi non autorizzati, perdite o divulgazioni indebite. Le organizzazioni devono adottare misure tecniche e organizzative adeguate per garantire l'integrità e la riservatezza dei dati personali.

Conclusioni

Il GDPR è stato introdotto con lo scopo di proteggere i diritti fondamentali delle persone in relazione al trattamento dei loro dati personali. I principi del GDPR, come il trattamento lecito, equo e trasparente dei dati personali, la limitazione delle finalità del trattamento e la minimizzazione dei dati personali, forniscono una guida chiara per le organizzazioni che trattano dati personali. È fondamentale che le organizzazioni comprendano e rispettino questi principi al fine di garantire la conformità al GDPR e la protezione dei dati personali.

1.3 Ambito di applicazione del GDPR

Il Regolamento Generale sulla Protezione dei Dati (GDPR) è una normativa europea che ha un ampio ambito di applicazione. Il suo obiettivo principale è garantire la protezione dei dati personali e promuovere la privacy degli individui all'interno dell'Unione Europea (UE). Il GDPR si applica a tutte le organizzazioni che trattano dati personali di cittadini dell'UE, indipendentemente dal fatto che l'organizzazione sia situata all'interno o all'esterno dell'UE.

Il GDPR si applica a diverse categorie di soggetti coinvolti nel trattamento dei dati personali. Questi soggetti includono:

1.3.1 Titolari del trattamento dei dati

Il GDPR si applica ai titolari del trattamento dei dati, che sono le organizzazioni o le persone fisiche che determinano le finalità e i mezzi del trattamento dei dati personali. I titolari del trattamento dei dati sono responsabili di garantire che il trattamento dei dati personali sia conforme alle disposizioni del GDPR.

1.3.2 Responsabili del trattamento dei dati

Il GDPR si applica anche ai responsabili del trattamento dei dati, che sono le organizzazioni o le persone fisiche che trattano i dati personali per conto del titolare del trattamento. I responsabili del trattamento dei dati devono agire solo in base alle istruzioni del titolare del trattamento e devono garantire la sicurezza e la riservatezza dei dati personali.

1.3.3 Interessati

Il GDPR protegge i diritti degli interessati, che sono le persone fisiche cui si riferiscono i dati personali. Gli interessati hanno il diritto di controllare come vengono trattati i loro dati personali e di esercitare i loro diritti in base al GDPR.

1.3.4 Trasferimento di dati al di fuori dell'UE

Il GDPR si applica anche al trasferimento di dati personali al di fuori dell'UE. Se un'organizzazione trasferisce dati personali al di fuori dell'UE, deve garantire che il paese di destinazione offra un livello adeguato di protezione dei dati. In assenza di un livello adeguato di protezione, l'organizzazione deve adottare misure aggiuntive per garantire la protezione dei dati personali.

1.3.5 Settori specifici

Il GDPR si applica a tutti i settori e a tutte le organizzazioni che trattano dati personali. Tuttavia, ci sono alcune disposizioni specifiche che riguardano settori particolari, come la sanità, il settore finanziario e il settore pubblico. Queste disposizioni specifiche possono richiedere misure aggiuntive per garantire la protezione dei dati personali in questi settori.

In conclusione, il GDPR ha un ampio ambito di applicazione e si applica a tutte le organizzazioni che trattano dati personali di cittadini dell'UE. È importante per le organizzazioni comprendere l'ambito di applicazione del GDPR e adottare le misure necessarie per garantire la conformità alla normativa.

1.4 Diritti degli interessati

I diritti degli interessati sono uno degli aspetti fondamentali del Regolamento Generale sulla Protezione dei Dati (GDPR). Questi diritti conferiscono alle persone il controllo sui propri dati personali e garantiscono che le organizzazioni trattino tali dati in modo corretto e trasparente. Nel presente capitolo, esploreremo i principali diritti degli interessati previsti dal GDPR e come possono essere esercitati.

1.4.1 Diritto all'informazione

Il diritto all'informazione è il primo passo per garantire la trasparenza nel trattamento dei dati personali. Secondo il GDPR, le organizzazioni devono fornire agli interessati informazioni chiare e concise sulle modalità di trattamento dei loro dati personali. Queste informazioni devono includere il motivo per cui i dati vengono trattati, le categorie di dati personali trattati, i destinatari dei dati e i diritti degli interessati.

1.4.2 Diritto di accesso

Il diritto di accesso consente agli interessati di ottenere conferma che i loro dati personali vengano trattati e di accedere a tali dati. Le organizzazioni devono fornire una copia dei dati personali oggetto di trattamento, insieme ad altre informazioni come le finalità del trattamento, le categorie di dati trattati e i destinatari dei dati.

1.4.3 Diritto di rettifica

Il diritto di rettifica consente agli interessati di richiedere la correzione di eventuali dati personali inesatti o incompleti. Se un'organizzazione riceve una richiesta di rettifica, deve verificare l'accuratezza dei dati e apportare le correzioni necessarie entro un periodo di tempo ragionevole.

1.4.4 Diritto alla cancellazione

Il diritto alla cancellazione, comunemente noto come "diritto all'oblio", consente agli interessati di richiedere la cancellazione dei propri dati personali. Tuttavia, questo diritto non è assoluto e può essere limitato in determinate circostanze, ad esempio se il trattamento dei dati è necessario per adempiere a un obbligo legale o per l'esercizio di un diritto in sede giudiziaria.

1.4.5 Diritto di limitazione del trattamento

Il diritto di limitazione del trattamento consente agli interessati di richiedere la sospensione del trattamento dei propri dati personali in determinate circostanze. Ad esempio, se un'organizzazione sta verificando l'accuratezza dei dati personali di un interessato o se il trattamento è illecito, l'interessato può richiedere la limitazione del trattamento fino a quando la situazione non viene risolta.

1.4.6 Diritto alla portabilità dei dati

Il diritto alla portabilità dei dati consente agli interessati di ottenere e riutilizzare i propri dati personali in diversi contesti. Questo diritto si applica solo ai dati personali forniti dall'interessato a un'organizzazione e quando il trattamento si basa sul consenso o su un contratto. L'interessato ha il diritto di ricevere i dati in un formato strutturato, di uso comune e leggibile da dispositivo automatico e di trasmettere tali dati a un'altra organizzazione senza impedimenti.

1.4.7 Diritto di opposizione

Il diritto di opposizione consente agli interessati di opporsi al trattamento dei propri dati personali in determinate circostanze. Ad esempio, se un'organizzazione sta trattando i dati personali per scopi di marketing diretto, l'interessato ha il diritto di opporsi a tale trattamento. L'organizzazione deve interrompere il trattamento dei dati personali a meno che non possa dimostrare l'esistenza di motivi legittimi cogenti per continuare il trattamento.

In conclusione, i diritti degli interessati sono un elemento chiave del GDPR e garantiscono che le persone abbiano il controllo sui propri dati personali. È importante che le organizzazioni siano consapevoli di questi diritti e siano in grado di rispondere alle richieste degli interessati in modo tempestivo ed efficace.

2 Responsabile della protezione dei dati (DPO)

2.1 Ruolo e responsabilità del DPO

Il Responsabile della protezione dei dati (DPO) è una figura chiave all'interno delle organizzazioni che operano con dati personali. Il suo ruolo principale è quello di garantire che l'organizzazione si conformi al Regolamento Generale sulla Protezione dei Dati (GDPR) e di proteggere i diritti degli interessati.

2.1.1 Chi è il DPO?

Il DPO è una figura indipendente all'interno dell'organizzazione, designata per sovrintendere alle questioni relative alla protezione dei dati personali. Può essere un dipendente dell'organizzazione o un consulente esterno, a patto che abbia competenze specialistiche in materia di protezione dei dati.

2.1.2 Quali sono le responsabilità del DPO?

Il DPO ha diverse responsabilità all'interno dell'organizzazione, tra cui:

Monitoraggio della conformità al GDPR

Il DPO è responsabile di monitorare e garantire che l'organizzazione si conformi alle disposizioni del GDPR. Ciò include l'implementazione di politiche e procedure adeguate per la gestione dei dati personali, nonché la valutazione e l'aggiornamento costante delle misure di sicurezza.

Consulenza e supporto

Il DPO fornisce consulenza e supporto all'organizzazione in materia di protezione dei dati personali. Questo può includere la valutazione dell'impatto sulla protezione dei dati (DPIA), la revisione delle politiche interne, la gestione delle richieste degli interessati e la risoluzione di eventuali problemi legati alla protezione dei dati.

Formazione e sensibilizzazione

Il DPO è responsabile di fornire formazione e sensibilizzazione al personale dell'organizzazione in materia di protezione dei dati personali. Questo include l'organizzazione di sessioni di formazione periodiche, la diffusione di informazioni rilevanti e l'aggiornamento del personale sulle nuove disposizioni del GDPR.

Punto di contatto per le autorità di controllo e gli interessati

Il DPO funge da punto di contatto principale per le autorità di controllo e gli interessati. È responsabile di gestire le comunicazioni con le autorità di controllo, rispondere alle richieste degli interessati e garantire che l'organizzazione rispetti i diritti degli interessati previsti dal GDPR.

2.1.3 Indipendenza e riservatezza del DPO

Il DPO deve operare in modo indipendente e senza conflitti di interesse. Deve essere in grado di svolgere le sue funzioni senza interferenze da parte dell'organizzazione. Inoltre, il DPO è tenuto a mantenere la riservatezza delle informazioni a cui ha accesso durante l'esercizio delle sue funzioni.

2.1.4 Nomina del DPO

Secondo il GDPR, alcune organizzazioni sono obbligate a nominare un DPO. Queste organizzazioni includono le autorità pubbliche, le organizzazioni che effettuano un monitoraggio regolare e sistematico su larga scala dei dati personali e le organizzazioni che trattano dati sensibili su larga scala.

La nomina del DPO deve essere basata sulle competenze professionali e sulla conoscenza del GDPR. L'organizzazione deve garantire che il DPO abbia le risorse necessarie per svolgere le sue funzioni in modo efficace.

2.1.5 Ruolo del DPO nelle piccole e medie imprese

Anche se le piccole e medie imprese potrebbero non essere obbligate a nominare un DPO, è comunque consigliabile che designino una persona responsabile della protezione dei dati.

Questa persona può essere un dipendente esistente con competenze in materia di protezione dei dati o un consulente esterno.

Il ruolo del DPO nelle piccole e medie imprese è quello di garantire che l'organizzazione si conformi al GDPR e di fornire consulenza e supporto in materia di protezione dei dati personali.

In conclusione, il DPO svolge un ruolo fondamentale nella protezione dei dati personali all'interno delle organizzazioni. È responsabile di garantire la conformità al GDPR, di fornire consulenza e supporto, di formare il personale e di essere il punto di contatto per le autorità di controllo e gli interessati. La nomina del DPO è obbligatoria per alcune organizzazioni e consigliata per altre, mentre il suo ruolo nelle piccole e medie imprese è altrettanto importante per garantire la protezione dei dati personali.

2.2 Nomina del DPO

Il Responsabile della protezione dei dati (DPO) è una figura chiave all'interno di un'organizzazione che si occupa di garantire la conformità al GDPR e di proteggere i diritti degli interessati. La nomina di un DPO è obbligatoria per alcune organizzazioni, mentre per altre è fortemente consigliata. In questa sezione, esploreremo i requisiti e le procedure per la nomina di un DPO.

2.2.1 Requisiti per la nomina del DPO

Secondo il GDPR, la nomina di un DPO è obbligatoria per le seguenti organizzazioni:

1. Autorità pubbliche e organizzazioni governative: Le autorità pubbliche e le organizzazioni governative devono nominare un DPO, indipendentemente dal tipo di dati personali che trattano.

2. Organizzazioni che effettuano un monitoraggio regolare e sistematico su larga scala: Le organizzazioni che trattano dati personali su larga scala o che effettuano un monitoraggio regolare e sistematico dei dati degli interessati devono nominare un DPO.

3. Organizzazioni che trattano dati sensibili su larga scala: Le organizzazioni che trattano dati sensibili su larga scala devono nominare un DPO.

Anche se non rientri in una di queste categorie, potrebbe essere comunque consigliabile nominare un DPO per garantire una gestione adeguata dei dati personali e una maggiore trasparenza.

2.2.2 Procedure per la nomina del DPO

La nomina di un DPO richiede una procedura formale all'interno dell'organizzazione. Ecco i passaggi da seguire per nominare un DPO:

1. Identificazione delle competenze richieste: Prima di nominare un DPO, è importante identificare le competenze necessarie per svolgere il ruolo. Un DPO dovrebbe avere una buona conoscenza del GDPR e delle leggi sulla protezione dei dati, nonché competenze tecniche e organizzative.

2. Selezione del candidato: Una volta identificate le competenze richieste, è possibile selezionare un candidato interno o esterno all'organizzazione. È importante che il candidato abbia una buona comprensione delle attività dell'organizzazione e sia in grado di svolgere il ruolo in modo indipendente.

3. Nomina ufficiale: Dopo aver selezionato il candidato, è necessario procedere con la nomina ufficiale del DPO. Questo può essere fatto attraverso una decisione formale presa dalla direzione dell'organizzazione o dal responsabile della protezione dei dati.

4. Comunicazione interna ed esterna: Una volta nominato il DPO, è importante comunicare la sua nomina a tutti i dipendenti e agli interessati. Questo può essere fatto attraverso comunicazioni interne, come e-mail o

riunioni, e attraverso la pubblicazione delle informazioni sul sito web dell'organizzazione.

2.2.3 Ruoli e responsabilità del DPO

Il DPO ha una serie di ruoli e responsabilità all'interno dell'organizzazione. Questi includono:

1. Monitoraggio della conformità al GDPR: Il DPO è responsabile di monitorare la conformità dell'organizzazione al GDPR. Ciò include l'identificazione e la valutazione dei rischi associati al trattamento dei dati personali e l'implementazione di misure per mitigare tali rischi.

2. Fornire consulenza e formazione: Il DPO fornisce consulenza e formazione all'organizzazione e ai dipendenti in merito alle disposizioni del GDPR. Questo può includere la sensibilizzazione sulla protezione dei dati, la gestione delle richieste degli interessati e l'interpretazione delle norme del GDPR.

3. Cooperazione con l'autorità di controllo: Il DPO funge da punto di contatto tra l'organizzazione e l'autorità di controllo competente. Il DPO collabora con l'autorità di controllo per rispondere alle richieste di informazioni e per affrontare eventuali violazioni dei dati personali.

4. Monitoraggio delle violazioni dei dati: Il DPO è responsabile di monitorare e gestire le violazioni dei dati personali all'interno dell'organizzazione. Ciò include l'indagine sulle violazioni, la notifica all'autorità di controllo e agli interessati e l'implementazione di misure correttive.

5. Promuovere una cultura della protezione dei dati: Il DPO promuove una cultura della protezione dei dati all'interno dell'organizzazione. Ciò può includere la sensibilizzazione sui diritti degli interessati, la

promozione delle migliori pratiche per la gestione dei dati personali e la revisione delle politiche e delle procedure interne.

La nomina di un DPO è un passo importante per garantire la conformità al GDPR e la protezione dei dati personali. Un DPO competente e ben informato può svolgere un ruolo chiave nell'assicurare che un'organizzazione gestisca i dati personali in modo responsabile e rispettoso della privacy degli interessati.

2.3 Compiti e competenze del DPO

Il Responsabile della protezione dei dati (DPO) è una figura chiave all'interno di un'organizzazione che si occupa di garantire la conformità al GDPR e di proteggere i diritti degli interessati. In questa sezione, esploreremo i compiti e le competenze del DPO e come svolge il suo ruolo all'interno dell'organizzazione.

2.3.1 Ruolo e responsabilità del DPO

Il DPO ha un ruolo cruciale nell'assicurare che l'organizzazione rispetti le disposizioni del GDPR. Il suo compito principale è quello di fungere da punto di contatto tra l'organizzazione, gli interessati e l'autorità di controllo competente. Il DPO ha il compito di informare e consigliare l'organizzazione sulle questioni relative alla protezione dei dati personali e di monitorare la conformità al GDPR.

Il DPO ha diverse responsabilità all'interno dell'organizzazione, tra cui:

1. Monitoraggio della conformità al GDPR: Il DPO deve garantire che l'organizzazione rispetti le disposizioni del GDPR e che vengano adottate le misure necessarie per proteggere i dati personali.

2. Consulenza e formazione: Il DPO deve fornire consulenza e formazione all'organizzazione e ai suoi dipendenti in merito alle disposizioni del GDPR e alle migliori pratiche per la protezione dei dati personali.

3. Valutazione dell'impatto sulla protezione dei dati (DPIA): Il DPO deve valutare l'impatto che determinati trattamenti dei dati personali possono avere sulla privacy degli interessati e consigliare l'organizzazione su come mitigare i rischi.

4. Cooperazione con l'autorità di controllo: Il DPO deve cooperare con l'autorità di controllo competente e fungere da punto di contatto per le comunicazioni con l'autorità.

2.3.2 Nomina del DPO

La nomina del DPO è obbligatoria per alcune organizzazioni, in particolare per quelle che svolgono trattamenti di dati su larga scala o che trattano dati sensibili. Tuttavia, anche le organizzazioni che non sono obbligate per legge a nominare un DPO possono farlo volontariamente per garantire una gestione adeguata dei dati personali.

La nomina del DPO deve essere basata su criteri di professionalità e competenza nel campo della protezione dei dati personali. Il DPO può essere un dipendente dell'organizzazione o può essere esterno, ad esempio un consulente esterno specializzato in protezione dei dati.

2.3.3 Compiti e competenze del DPO

Il DPO deve avere una conoscenza approfondita del GDPR e delle leggi nazionali sulla protezione dei dati. Deve essere in grado di comprendere le attività di trattamento dei dati dell'organizzazione e di valutare i rischi associati. Alcune delle competenze richieste per un DPO efficace includono:

1. Conoscenza legale: Il DPO deve avere una solida comprensione del GDPR e delle leggi nazionali sulla protezione dei dati. Deve essere in grado di interpretare le disposizioni del GDPR e di applicarle correttamente all'organizzazione.

2. Conoscenza tecnica: Il DPO deve avere una buona conoscenza delle tecnologie utilizzate dall'organizzazione per il trattamento dei dati personali. Deve essere in grado di valutare la sicurezza delle tecnologie e di consigliare sull'implementazione di misure di sicurezza adeguate.

3. Capacità di valutazione dei rischi: Il DPO deve essere in grado di valutare i rischi associati al trattamento dei dati personali e di consigliare l'organizzazione su come mitigare tali rischi. Deve essere in grado di condurre valutazioni dell'impatto sulla protezione dei dati (DPIA) per identificare e valutare i rischi per la privacy degli interessati.

4. Capacità di comunicazione: Il DPO deve avere ottime capacità di comunicazione per poter comunicare in modo efficace con l'organizzazione, gli interessati e l'autorità di controllo. Deve essere in grado di spiegare in modo chiaro e comprensibile le disposizioni del GDPR e di fornire consulenza e formazione all'organizzazione.

In conclusione, il DPO svolge un ruolo fondamentale nell'assicurare la conformità al GDPR e la protezione dei dati personali. Deve avere una conoscenza approfondita del GDPR e delle leggi nazionali sulla protezione dei dati, nonché competenze legali, tecniche e di valutazione dei rischi. La nomina del DPO è obbligatoria per alcune organizzazioni e può essere fatta volontariamente da altre.

3 Principi fondamentali del GDPR

3.1 Trattamento lecito dei dati personali

Il trattamento dei dati personali è una delle attività principali che rientrano nell'ambito del GDPR. È fondamentale comprendere i principi e le regole che disciplinano il trattamento lecito dei dati personali al fine di garantire la protezione della privacy degli interessati.

3.1.1 Definizione di trattamento dei dati personali

Il trattamento dei dati personali, come definito dal GDPR, comprende qualsiasi operazione o insieme di operazioni svolte su dati personali, come la raccolta, la registrazione, l'organizzazione, la strutturazione, la conservazione, l'adattamento, la modifica, l'estrazione, la consultazione, l'uso, la comunicazione, la diffusione, la limitazione, la cancellazione o la distruzione.

3.1.2 Principi fondamentali del trattamento lecito dei dati personali

Il trattamento dei dati personali deve essere effettuato nel rispetto dei principi fondamentali stabiliti dal GDPR. Questi principi sono:

3.1.2.1 Trattamento lecito, corretto e trasparente

Il trattamento dei dati personali deve essere lecito, corretto e trasparente nei confronti degli interessati. Ciò significa che il trattamento deve essere basato su una base giuridica valida, come il consenso dell'interessato o l'esecuzione di un contratto, e deve essere svolto in modo chiaro e comprensibile per gli interessati.

3.1.2.2 Finalità limitate

I dati personali devono essere raccolti per finalità specifiche, esplicite e legittime e non devono essere trattati in modo incompatibile con tali finalità. Il trattamento dei dati personali deve essere limitato a ciò che è necessario per raggiungere le finalità per le quali sono stati raccolti.

3.1.2.3 Minimizzazione dei dati

Il trattamento dei dati personali deve essere limitato al minimo necessario. Ciò significa che devono essere raccolti solo i dati necessari per il raggiungimento delle finalità specificate e che tali dati devono essere adeguati, pertinenti e limitati a quanto necessario rispetto alle finalità del trattamento.

3.1.2.4 Esattezza dei dati

I dati personali devono essere accurati e, se necessario, aggiornati. È responsabilità del titolare del trattamento adottare misure adeguate per garantire che i dati personali siano corretti e che siano cancellati o rettificati in caso di inesattezza.

3.1.2.5 Limitazione della conservazione dei dati

I dati personali devono essere conservati solo per il tempo necessario per il raggiungimento delle finalità per le quali sono stati raccolti. Una volta raggiunte tali finalità, i dati personali devono essere cancellati o resi anonimi, a meno che non siano necessari per adempiere a obblighi legali o per l'esercizio o la difesa di un diritto in sede giudiziaria.

3.1.2.6 Integrità e riservatezza dei dati

I dati personali devono essere trattati in modo da garantirne la sicurezza, compresa la protezione contro l'accesso non autorizzato, la divulgazione, la perdita o la distruzione accidentale. Il titolare del trattamento deve adottare misure tecniche e organizzative adeguate per garantire l'integrità e la riservatezza dei dati personali.

3.1.3 Base giuridica per il trattamento dei dati personali

Il trattamento dei dati personali deve essere basato su una base giuridica valida. Il GDPR prevede diverse basi giuridiche che possono essere utilizzate per il trattamento dei dati personali, tra cui il consenso dell'interessato, l'esecuzione di un contratto, l'adempimento di un obbligo legale, la tutela degli interessi vitali dell'interessato, l'esecuzione di un compito di interesse pubblico o l'esercizio di pubblici poteri, e il perseguimento di un legittimo interesse del titolare del trattamento o di un terzo.

È importante che il titolare del trattamento identifichi correttamente la base giuridica appropriata per il trattamento dei dati personali e che sia in grado di dimostrare la conformità a tale base giuridica.

3.1.4 Trattamento dei dati sensibili

Il GDPR prevede una protezione speciale per i dati personali sensibili, come quelli che rivelano l'origine razziale o etnica, le opinioni politiche, le convinzioni religiose o filosofiche, l'appartenenza sindacale, i dati genetici, i dati biometrici per l'identificazione univoca di una persona fisica, i dati relativi alla salute o alla vita sessuale o all'orientamento sessuale di una persona.

Il trattamento di tali dati sensibili è vietato, a meno che non siano soddisfatte determinate condizioni specifiche, come il consenso esplicito dell'interessato o la necessità di trattare tali dati per l'esercizio di diritti o l'adempimento di obblighi in materia di diritto del lavoro, previdenza sociale e protezione sociale.

È fondamentale che il trattamento dei dati sensibili sia effettuato con particolare attenzione e nel rispetto delle disposizioni specifiche previste dal GDPR.

In conclusione, il trattamento lecito dei dati personali è un aspetto fondamentale del GDPR. È importante comprendere i principi e le regole che disciplinano il trattamento dei dati personali al fine di garantire la protezione della privacy degli interessati e la conformità alle disposizioni del GDPR.

3.2 Finalità e limitazione del trattamento

La finalità e la limitazione del trattamento dei dati personali sono principi fondamentali del GDPR che mirano a garantire la protezione della privacy degli individui. Questi principi stabiliscono le regole e le restrizioni che le organizzazioni devono seguire quando trattano dati personali.

3.2.1 Finalità del trattamento dei dati

La finalità del trattamento dei dati personali si riferisce al motivo per cui un'organizzazione raccoglie e utilizza i dati personali di un individuo. Secondo il GDPR, il trattamento dei dati personali deve essere effettuato per specifiche finalità legittime e determinate. Ciò significa che un'organizzazione deve avere una ragione valida e chiara per raccogliere e utilizzare i dati personali di una persona.

Le finalità del trattamento dei dati possono variare a seconda del contesto e delle esigenze dell'organizzazione. Ad esempio, un'azienda potrebbe raccogliere dati personali per fornire un servizio o un prodotto all'individuo, per adempiere a un obbligo legale o per scopi di ricerca scientifica. È importante che l'organizzazione specifichi chiaramente la finalità del trattamento dei dati e che questa sia legittima e conforme alla legge.

3.2.2 Limitazione del trattamento dei dati

La limitazione del trattamento dei dati personali è un altro principio fondamentale del GDPR che impone alle organizzazioni di trattare solo i dati personali necessari per la finalità specifica per cui sono stati raccolti. Questo principio mira a garantire che le organizzazioni non raccolgano o utilizzino dati personali in modo eccessivo o non necessario.

Secondo il principio della limitazione del trattamento, le organizzazioni devono adottare misure adeguate per garantire che i dati personali siano pertinenti, adeguati e limitati a quanto necessario rispetto alle finalità per le quali vengono trattati. Ciò significa che le organizzazioni devono valutare attentamente quali dati personali sono necessari per raggiungere la finalità del trattamento e limitare la raccolta e l'utilizzo dei dati solo a quelli strettamente necessari.

Inoltre, le organizzazioni devono conservare i dati personali solo per il tempo necessario per raggiungere la finalità del trattamento. Il GDPR stabilisce che i dati personali devono essere conservati solo per il periodo di tempo necessario per adempiere alla finalità del trattamento, a meno che non siano richiesti per scopi legali o di archiviazione.

La limitazione del trattamento dei dati personali è un principio importante per garantire la privacy e la protezione dei dati personali degli individui. Le organizzazioni devono essere consapevoli di questo principio e adottare misure adeguate per garantire che il trattamento dei dati sia limitato e proporzionato alla finalità per cui sono stati raccolti.

3.2.3 Esempi di finalità e limitazione del trattamento

Per comprendere meglio i concetti di finalità e limitazione del trattamento dei dati personali, ecco alcuni esempi pratici:

- Un'azienda di e-commerce raccoglie i dati personali dei clienti (come nome, indirizzo e numero di telefono) al momento dell'acquisto di un prodotto. La finalità del trattamento di questi dati è quella di elaborare l'ordine e consegnare il prodotto al cliente. La limitazione del trattamento implica che l'azienda utilizzi solo i dati personali necessari per elaborare l'ordine e non conservi i dati più a lungo di quanto necessario per completare la transazione.

- Un'organizzazione sanitaria raccoglie dati personali sensibili dei pazienti (come informazioni mediche e storico clinico) per fornire cure mediche. La finalità del trattamento di questi dati è quella di diagnosticare, trattare e monitorare la salute dei pazienti. La limitazione del trattamento richiede che l'organizzazione utilizzi solo i dati personali necessari per fornire le cure mediche richieste e che conservi i dati solo per il tempo necessario per il trattamento medico.

- Un'azienda di marketing raccoglie dati personali dei clienti (come preferenze di acquisto e comportamento online) per inviare offerte promozionali personalizzate. La finalità del trattamento di questi dati è quella di migliorare l'esperienza di acquisto dei clienti e aumentare le vendite. La limitazione del trattamento richiede che l'azienda utilizzi solo i dati personali necessari per inviare offerte promozionali e che rispetti le preferenze dei clienti in termini di comunicazioni di marketing.

Questi esempi illustrano come le organizzazioni devono considerare attentamente la finalità del trattamento dei dati e limitare il trattamento solo a ciò che è necessario per raggiungere quella specifica finalità. La comprensione e l'applicazione corretta di questi principi sono fondamentali per garantire la conformità al GDPR e la protezione dei dati personali degli individui.

3.3 Minimizzazione dei dati

La minimizzazione dei dati è uno dei principi fondamentali del GDPR che richiede che i dati personali siano adeguati, pertinenti e limitati a quanto necessario rispetto alle finalità per le quali vengono trattati. Questo principio mira a garantire che vengano raccolti solo i dati necessari e che vengano conservati solo per il tempo necessario.

La minimizzazione dei dati è fondamentale per proteggere la privacy degli interessati e per garantire che le organizzazioni non raccolgano o conservino dati inutili o eccessivi. Riducendo la quantità di dati personali trattati, si riduce anche il rischio di violazioni della sicurezza e di accesso non autorizzato.

3.3.1 Riduzione della quantità di dati

Per garantire la minimizzazione dei dati, è importante che le organizzazioni adottino misure per ridurre la quantità di dati personali raccolti e trattati. Ciò può essere fatto attraverso le seguenti azioni:

1. **Valutazione delle finalità**: prima di raccogliere dati personali, è necessario valutare attentamente le finalità per cui i dati sono necessari. È importante identificare le informazioni essenziali e limitarsi a

raccogliere solo ciò che è strettamente necessario per raggiungere tali finalità.

2. **Limitazione delle categorie di dati**: è importante limitare le categorie di dati personali raccolti. Ad esempio, se per una determinata finalità è necessario solo il nome e l'indirizzo di una persona, non è necessario raccogliere ulteriori informazioni come il numero di telefono o la data di nascita.

3. **Anonimizzazione dei dati**: quando possibile, è consigliabile anonimizzare i dati personali in modo che non possano essere associati a un individuo specifico. L'anonimizzazione dei dati riduce il rischio di identificazione e protegge la privacy degli interessati.

4. **Pseudonimizzazione dei dati**: se l'anonimizzazione dei dati non è possibile o praticabile, è consigliabile pseudonimizzare i dati. La pseudonimizzazione implica la sostituzione di informazioni identificative con identificatori unici, in modo che i dati non possano essere direttamente associati a un individuo senza l'uso di informazioni aggiuntive.

3.3.2 Conservazione dei dati

Oltre a ridurre la quantità di dati personali raccolti, è importante anche limitare la conservazione dei dati. Il principio della minimizzazione dei dati richiede che i dati personali siano conservati solo per il tempo necessario per raggiungere le finalità per cui sono stati raccolti.

La conservazione dei dati deve essere gestita in conformità alle leggi e ai regolamenti applicabili, nonché alle politiche interne dell'organizzazione. Alcuni punti chiave da considerare includono:

1. **Periodo di conservazione**: è necessario stabilire un periodo di conservazione adeguato per i dati personali in base alle finalità per cui sono stati raccolti. Questo

periodo può variare a seconda del tipo di dati e delle normative applicabili. Ad esempio, alcune leggi possono richiedere la conservazione dei dati per un determinato periodo di tempo per scopi fiscali o legali.

2. **Revisione periodica**: è importante effettuare regolarmente una revisione dei dati personali conservati per verificare se sono ancora necessari per le finalità per cui sono stati raccolti. Se i dati non sono più necessari, devono essere eliminati in modo sicuro.

3. **Politiche di conservazione dei dati**: è consigliabile sviluppare politiche interne che definiscano le procedure per la conservazione dei dati. Queste politiche dovrebbero includere linee guida chiare sul periodo di conservazione dei dati, nonché sulle modalità di eliminazione sicura dei dati quando non sono più necessari.

3.3.3 Sicurezza dei dati minimizzati

La minimizzazione dei dati non riguarda solo la quantità e la conservazione dei dati, ma anche la sicurezza dei dati personali trattati. È importante adottare misure di sicurezza adeguate per proteggere i dati minimizzati da accessi non autorizzati, perdite o violazioni.

Alcune misure di sicurezza che possono essere adottate includono:

1. **Accesso limitato**: limitare l'accesso ai dati personali solo al personale autorizzato che ha bisogno di tali informazioni per svolgere le proprie mansioni. Ciò può essere fatto attraverso l'implementazione di controlli di accesso, come password complesse, autenticazione a due fattori e limitazioni di accesso basate sui ruoli.

2. **Crittografia dei dati**: crittografare i dati personali in modo che possano essere letti solo da persone autorizzate. La crittografia può essere utilizzata sia

durante la trasmissione dei dati che durante la conservazione.

3. **Monitoraggio e rilevamento delle violazioni**: implementare sistemi di monitoraggio e rilevamento delle violazioni per identificare tempestivamente eventuali accessi non autorizzati o violazioni dei dati. Questi sistemi possono aiutare a mitigare i danni causati da una violazione e a prendere provvedimenti immediati per proteggere i dati.

4. **Formazione e consapevolezza**: fornire formazione regolare al personale sull'importanza della sicurezza dei dati e sulle misure di sicurezza da adottare. È importante che tutti i dipendenti siano consapevoli delle loro responsabilità e delle migliori pratiche per proteggere i dati personali.

La minimizzazione dei dati è un principio fondamentale del GDPR che mira a garantire che vengano raccolti solo i dati necessari e che vengano conservati solo per il tempo necessario. Adottando misure per ridurre la quantità di dati personali e limitare la conservazione dei dati, le organizzazioni possono proteggere la privacy degli interessati e ridurre il rischio di violazioni dei dati. Inoltre, è importante implementare misure di sicurezza adeguate per proteggere i dati minimizzati da accessi non autorizzati o violazioni.

3.4 Esattezza dei dati

L'esattezza dei dati personali è uno dei principi fondamentali del GDPR. Questo principio sottolinea l'importanza di garantire che i dati personali siano accurati e aggiornati. Le organizzazioni che trattano dati personali devono adottare misure adeguate per assicurarsi che i dati siano corretti e veritieri.

3.4.1 Verifica dell'esattezza dei dati

Per garantire l'esattezza dei dati personali, le organizzazioni devono adottare misure adeguate per verificare la correttezza delle informazioni raccolte. Ciò implica l'implementazione di processi e procedure che consentano di verificare l'accuratezza dei dati in modo regolare. Queste misure possono includere la verifica delle informazioni fornite dagli interessati, la verifica incrociata dei dati con altre fonti affidabili o l'utilizzo di strumenti tecnologici per la verifica automatica dei dati.

È importante sottolineare che la responsabilità di garantire l'esattezza dei dati non ricade solo sulle organizzazioni, ma anche sugli interessati stessi. Gli interessati devono fornire informazioni accurate e aggiornate alle organizzazioni e informarle tempestivamente in caso di modifiche o errori nei dati forniti.

3.4.2 Aggiornamento dei dati personali

Le organizzazioni devono adottare misure per garantire che i dati personali siano aggiornati. Ciò significa che devono essere implementati processi e procedure per verificare e aggiornare regolarmente i dati personali in loro possesso. Ad esempio, le organizzazioni possono richiedere agli interessati di confermare periodicamente l'accuratezza dei dati o possono inviare loro comunicazioni per richiedere l'aggiornamento delle informazioni.

Inoltre, le organizzazioni devono tenere conto delle richieste degli interessati di rettifica o aggiornamento dei dati personali. Se un interessato segnala un errore o una discrepanza nei dati personali, l'organizzazione deve prendere provvedimenti per correggere o aggiornare tali informazioni nel più breve tempo possibile.

3.4.3 Conservazione dei dati personali

Il principio dell'esattezza dei dati si estende anche alla conservazione dei dati personali. Le organizzazioni devono adottare misure per garantire che i dati personali siano conservati solo per il tempo necessario allo scopo per cui sono stati raccolti. Ciò implica che le organizzazioni devono stabilire periodi di conservazione adeguati per i diversi tipi di dati personali che trattano.

Le organizzazioni devono anche adottare misure per verificare regolarmente se i dati personali conservati sono ancora pertinenti e necessari. Se i dati non sono più necessari per lo scopo per cui sono stati raccolti, devono essere eliminati o resi anonimi in modo che non sia più possibile identificare gli interessati.

3.4.4 Impatto dell'esattezza dei dati

L'esattezza dei dati personali ha un impatto significativo sulla protezione dei diritti degli interessati. Se i dati personali sono inesatti o non aggiornati, gli interessati potrebbero subire conseguenze negative, come ad esempio la ricezione di informazioni errate o la perdita di opportunità.

Inoltre, l'esattezza dei dati è fondamentale per garantire la corretta applicazione degli altri principi del GDPR, come il principio della finalità e limitazione del trattamento. Se i dati personali non sono accurati, potrebbe essere difficile per le organizzazioni garantire che i dati siano trattati solo per scopi specifici e legittimi.

Pertanto, le organizzazioni devono prestare particolare attenzione all'esattezza dei dati personali e adottare misure adeguate per garantire che i dati siano accurati, aggiornati e pertinenti. Ciò contribuirà a garantire la protezione dei diritti degli interessati e a promuovere la conformità al GDPR.

3.5 Limitazione della conservazione dei dati

La limitazione della conservazione dei dati è uno dei principi fondamentali del GDPR che mira a garantire che i dati personali vengano conservati solo per il tempo necessario per il raggiungimento delle finalità per cui sono stati raccolti. Questo principio è strettamente legato al concetto di minimizzazione dei dati, poiché entrambi mirano a ridurre al minimo la quantità di dati personali trattati.

3.5.1 Durata della conservazione dei dati

La durata della conservazione dei dati è un aspetto cruciale da considerare quando si tratta di conformità al GDPR. Secondo il principio di limitazione della conservazione dei dati, i dati personali devono essere conservati solo per il periodo di tempo necessario per il raggiungimento delle finalità per cui sono stati raccolti. Una volta che questi scopi sono stati raggiunti, i dati devono essere eliminati o resi anonimi in modo che non possano essere più associati a un individuo.

La durata della conservazione dei dati può variare a seconda del tipo di dati e delle finalità del trattamento. Ad esempio, alcune leggi o regolamenti possono richiedere la conservazione dei dati per un determinato periodo di tempo. Tuttavia, è importante valutare attentamente la necessità di conservare i dati oltre questo periodo e assicurarsi di avere una base legale valida per farlo.

3.5.2 Criteri per la determinazione della durata della conservazione dei dati

Per determinare la durata della conservazione dei dati, è necessario prendere in considerazione diversi fattori, tra cui:

3.5.2.1 Finalità del trattamento

La finalità per cui i dati sono stati raccolti è un fattore chiave nella determinazione della durata della conservazione dei dati. Ad esempio, se i dati sono stati raccolti per scopi di marketing, potrebbe essere necessario conservarli per un periodo di tempo più lungo rispetto a dati raccolti per scopi amministrativi.

3.5.2.2 Obblighi legali o regolamentari

Alcune leggi o regolamenti possono imporre obblighi specifici in termini di durata della conservazione dei dati. È importante essere consapevoli di tali obblighi e assicurarsi di conformarsi ad essi.

3.5.2.3 Relazione con l'interessato

La relazione tra l'organizzazione e l'interessato può influire sulla durata della conservazione dei dati. Ad esempio, se l'organizzazione ha una relazione continuativa con l'interessato, potrebbe essere necessario conservare i dati per tutta la durata di questa relazione.

3.5.2.4 Rischi per la privacy e la sicurezza

La durata della conservazione dei dati deve anche tener conto dei rischi per la privacy e la sicurezza dei dati. Se i dati personali sono conservati per un periodo di tempo eccessivamente lungo, potrebbero essere più esposti a violazioni della sicurezza o a utilizzi impropri.

3.5.3 Principi per la conservazione dei dati

Per garantire la conformità al principio di limitazione della conservazione dei dati, è possibile seguire alcuni principi guida:

3.5.3.1 Pianificazione della conservazione dei dati

È importante pianificare in anticipo la durata della conservazione dei dati e stabilire politiche e procedure chiare in merito. Questo aiuterà a garantire che i dati vengano conservati solo per il tempo necessario e che vengano eliminati o resi anonimi una volta che non sono più necessari.

3.5.3.2 Valutazione periodica della necessità di conservazione

È consigliabile effettuare valutazioni periodiche per verificare se i dati conservati sono ancora necessari per le finalità per cui sono stati raccolti. Se i dati non sono più necessari, devono essere eliminati o resi anonimi.

3.5.3.3 Sicurezza dei dati durante la conservazione

Durante la conservazione dei dati, è fondamentale garantire la sicurezza e la riservatezza dei dati personali. Ciò implica l'adozione di misure tecniche e organizzative adeguate per proteggere i dati da accessi non autorizzati, perdite o danni.

3.5.4 Esempi di conservazione dei dati

Per comprendere meglio come applicare il principio di limitazione della conservazione dei dati, ecco alcuni esempi pratici:

- Un'azienda di e-commerce conserva i dati personali dei clienti per il tempo necessario per elaborare gli ordini e gestire eventuali reclami. Una volta che l'ordine è stato consegnato e il periodo di garanzia è scaduto, i dati personali dei clienti vengono eliminati.

- Un'organizzazione sanitaria conserva i dati dei pazienti per il tempo necessario per fornire loro cure mediche adeguate. Una volta che il paziente viene dimesso o non è più in cura, i dati vengono conservati per un periodo di tempo specificato dalla legge e successivamente eliminati.

- Un'azienda conserva i dati dei dipendenti per tutta la durata del rapporto di lavoro e per un periodo di tempo successivo per adempiere agli obblighi legali e regolamentari. Una volta che il dipendente lascia l'azienda, i dati personali vengono conservati solo per il tempo necessario per adempiere a tali obblighi e successivamente eliminati.

Conclusioni

La limitazione della conservazione dei dati è un principio fondamentale del GDPR che mira a garantire che i dati personali vengano conservati solo per il tempo necessario per il raggiungimento delle finalità per cui sono stati raccolti. È importante valutare attentamente la durata della conservazione dei dati, prendendo in considerazione diversi fattori come le finalità del trattamento, gli obblighi legali, la relazione con l'interessato e i rischi per la privacy e la sicurezza. Seguendo i principi per la conservazione dei dati e adottando misure di sicurezza adeguate, è possibile garantire la conformità al GDPR e proteggere la privacy dei dati personali.

3.6 Integrità e riservatezza dei dati

L'integrità e la riservatezza dei dati sono due principi fondamentali del GDPR che mirano a garantire la sicurezza e la protezione dei dati personali. Questi principi sono strettamente correlati e sono essenziali per garantire che i dati siano trattati in modo corretto e sicuro.

3.6.1 Integrità dei dati

L'integrità dei dati si riferisce alla precisione, all'accuratezza e all'affidabilità dei dati personali. Significa che i dati devono essere completi, aggiornati e veritieri. È responsabilità del titolare del trattamento dei dati assicurarsi che i dati personali siano corretti e che vengano mantenuti aggiornati.

Per garantire l'integrità dei dati, è importante adottare misure tecniche e organizzative adeguate. Queste possono includere l'implementazione di procedure di controllo di qualità dei dati, l'uso di sistemi di gestione dei dati affidabili e la formazione del personale sul corretto trattamento dei dati personali.

Inoltre, il GDPR richiede che i dati personali siano conservati solo per il tempo necessario al raggiungimento delle finalità per cui sono stati raccolti. Ciò significa che i dati non devono essere conservati più a lungo di quanto sia necessario e che devono essere cancellati o resi anonimi una volta che non sono più necessari.

3.6.2 Riservatezza dei dati

La riservatezza dei dati si riferisce alla protezione dei dati personali da accessi non autorizzati o divulgazioni non autorizzate. Significa che i dati personali devono essere trattati in modo confidenziale e che solo le persone autorizzate devono avere accesso ai dati.

Per garantire la riservatezza dei dati, è necessario adottare misure di sicurezza adeguate. Queste possono includere l'implementazione di controlli di accesso, l'uso di crittografia per proteggere i dati durante la trasmissione e lo stoccaggio, e la formazione del personale sulla sicurezza dei dati e sulla gestione delle informazioni riservate.

Inoltre, il GDPR richiede che vengano adottate misure per prevenire la perdita, la distruzione o la modifica accidentale o illecita dei dati personali. Ciò può includere la creazione di backup regolari dei dati, l'implementazione di procedure di sicurezza fisica per proteggere i dati e l'uso di software antivirus e firewall per proteggere i sistemi informatici.

3.6.3 Violazioni della sicurezza dei dati

Le violazioni della sicurezza dei dati possono rappresentare una minaccia per l'integrità e la riservatezza dei dati personali. Una violazione della sicurezza dei dati si verifica quando i dati personali vengono compromessi a causa di un accesso non autorizzato, una divulgazione non autorizzata o una perdita accidentale.

In caso di violazione della sicurezza dei dati, il GDPR richiede che venga notificata all'autorità di controllo competente entro 72 ore dalla scoperta della violazione, a meno che la violazione non sia improbabile che comporti un rischio per i diritti e le libertà delle persone interessate.

Inoltre, il GDPR richiede che venga notificata anche la violazione ai soggetti interessati, se la violazione comporta un rischio elevato per i loro diritti e le loro libertà. La notifica deve essere effettuata senza ritardo ingiustificato e deve fornire informazioni chiare e concise sulla natura della violazione e sulle misure che sono state o saranno adottate per affrontarla.

È importante che le organizzazioni adottino misure preventive per prevenire le violazioni della sicurezza dei dati. Queste possono includere l'implementazione di politiche e procedure di sicurezza dei dati, la formazione del personale sulla sicurezza dei dati e l'uso di tecnologie di sicurezza avanzate per proteggere i dati personali.

In conclusione, l'integrità e la riservatezza dei dati sono principi fondamentali del GDPR che mirano a garantire la sicurezza e la protezione dei dati personali. È responsabilità delle organizzazioni adottare misure adeguate per garantire l'integrità e la riservatezza dei dati, al fine di proteggere i diritti e le libertà delle persone interessate.

4 Consenso e base giuridica per il trattamento dei dati

4.1 Consenso informato

Il consenso informato è uno dei principi fondamentali del GDPR e rappresenta una delle basi giuridiche per il trattamento dei dati personali. Il consenso informato richiede che l'interessato fornisca un'approvazione esplicita e informata per il trattamento dei propri dati personali da parte del titolare del trattamento.

4.1.1 Cosa significa consenso informato?

Il consenso informato implica che l'interessato debba essere pienamente consapevole di cosa sta accadendo con i propri dati personali e debba fornire un consenso esplicito e specifico per il loro trattamento. Questo significa che il consenso deve essere dato liberamente, senza coercizione o pressioni indebite, e deve essere basato su informazioni chiare e comprensibili.

4.1.2 Come ottenere il consenso informato?

Per ottenere il consenso informato, il titolare del trattamento deve fornire all'interessato informazioni chiare e comprensibili sul trattamento dei suoi dati personali. Queste informazioni devono includere:

- L'identità del titolare del trattamento e, se del caso, del suo rappresentante;
- Le finalità del trattamento dei dati personali;
- Le categorie di dati personali trattati;
- I destinatari o le categorie di destinatari dei dati personali;
- La durata prevista per la conservazione dei dati personali;
- L'esistenza del diritto di revocare il consenso in qualsiasi momento;
- L'esistenza del diritto di accesso, rettifica, cancellazione e limitazione del trattamento dei dati personali;
- L'esistenza del diritto alla portabilità dei dati;
- L'esistenza del diritto di presentare un reclamo all'autorità di controllo competente;

- Se il trattamento dei dati personali è basato su un obbligo legale o contrattuale o se è un requisito necessario per la conclusione di un contratto;
- L'esistenza di decisioni automatizzate, compresa la profilazione, e le relative conseguenze per l'interessato.

4.1.3 Revoca del consenso informato

L'interessato ha il diritto di revocare il consenso informato in qualsiasi momento, senza che ciò pregiudichi la liceità del trattamento basata sul consenso prestato prima della revoca. Il titolare del trattamento deve informare l'interessato di questa possibilità prima che presti il consenso. La revoca del consenso può essere effettuata in modo semplice e gratuito, ad esempio attraverso una comunicazione scritta o un'apposita opzione di disattivazione.

4.1.4 Il consenso informato dei minori

Nel caso in cui il trattamento dei dati personali riguardi un minore, il consenso informato deve essere ottenuto dai genitori o da chi ne fa le veci. Tuttavia, nei casi in cui il minore abbia almeno 16 anni, può prestare il consenso informato da solo. È importante che il titolare del trattamento adotti misure adeguate per verificare l'età del minore e per ottenere il consenso informato dai genitori o da chi ne fa le veci, se necessario.

4.1.5 L'importanza del consenso informato

Il consenso informato è un elemento fondamentale per garantire la protezione dei dati personali e rispettare i diritti degli interessati. Attraverso il consenso informato, l'interessato ha il controllo sui propri dati personali e può decidere in modo consapevole se acconsentire o meno al loro trattamento. Il consenso informato contribuisce a creare una relazione di fiducia tra il titolare del trattamento e l'interessato, promuovendo una gestione responsabile e trasparente dei dati personali.

In conclusione, il consenso informato è un requisito essenziale per il trattamento dei dati personali in conformità al GDPR. È importante che i titolari del trattamento comprendano l'importanza di ottenere un consenso esplicito e informato da parte degli interessati e che forniscono loro tutte le informazioni necessarie per prendere una decisione consapevole.

4.2 Base giuridica per il trattamento dei dati

La base giuridica per il trattamento dei dati personali è un elemento fondamentale del Regolamento Generale sulla Protezione dei Dati (GDPR). Prima di procedere al trattamento dei dati personali, è necessario identificare una base giuridica valida che giustifichi tale trattamento. In questa sezione, esamineremo le diverse basi giuridiche previste dal GDPR e le condizioni che devono essere soddisfatte per ciascuna di esse.

4.2.1 Base giuridica prevista dal GDPR

Il GDPR prevede diverse basi giuridiche che possono essere utilizzate per il trattamento dei dati personali. Queste basi giuridiche sono le seguenti:

1. **Consenso dell'interessato**: Il consenso dell'interessato è una delle basi giuridiche più comuni per il trattamento dei dati personali. Tuttavia, il consenso deve essere libero, specifico, informato e inequivocabile. L'interessato deve essere in grado di revocare il consenso in qualsiasi momento.

2. **Esecuzione di un contratto**: Il trattamento dei dati personali può essere giustificato se è necessario per l'esecuzione di un contratto con l'interessato o per l'adozione di misure precontrattuali su richiesta dell'interessato.

3. **Adempimento di un obbligo legale**: Il trattamento dei dati personali può essere giustificato se è necessario per adempiere un obbligo legale al quale il titolare del trattamento è soggetto.

4. **Protezione degli interessi vitali dell'interessato**: Il trattamento dei dati personali può essere giustificato

se è necessario per proteggere gli interessi vitali dell'interessato o di un'altra persona fisica.

5. **Esecuzione di un compito di interesse pubblico o nell'esercizio di pubblici poteri**: Il trattamento dei dati personali può essere giustificato se è necessario per l'esecuzione di un compito svolto nel pubblico interesse o nell'esercizio di pubblici poteri conferiti al titolare del trattamento.

6. **Interessi legittimi del titolare del trattamento o di terzi**: Il trattamento dei dati personali può essere giustificato se è necessario per perseguire gli interessi legittimi del titolare del trattamento o di terzi, a meno che non prevalgano gli interessi o i diritti e le libertà fondamentali dell'interessato che richiedono la protezione dei dati personali.

4.2.2 Condizioni per l'utilizzo delle basi giuridiche

Per utilizzare una delle basi giuridiche previste dal GDPR, è necessario soddisfare determinate condizioni. Queste condizioni variano a seconda della base giuridica selezionata. Di seguito sono riportate le condizioni generali che devono essere soddisfatte per tutte le basi giuridiche:

1. **Trattamento lecito, corretto e trasparente**: Il trattamento dei dati personali deve essere lecito, corretto e trasparente nei confronti dell'interessato. Ciò significa che il trattamento deve essere conforme alla legge e deve essere svolto in modo chiaro e comprensibile per l'interessato.

2. **Finalità specifiche**: Il trattamento dei dati personali deve essere effettuato per finalità specifiche, esplicite e legittime. L'interessato deve essere informato in modo chiaro e completo sulle finalità del trattamento.

3. **Minimizzazione dei dati**: Il trattamento dei dati personali deve essere limitato al minimo necessario per le finalità del trattamento. I dati personali devono essere adeguati, pertinenti e limitati a quanto necessario rispetto alle finalità del trattamento.

4. **Conservazione dei dati**: I dati personali devono essere conservati per un periodo di tempo limitato rispetto alle finalità del trattamento. I dati personali devono essere cancellati o resi anonimi quando non sono più necessari per le finalità del trattamento.

5. **Integrità e riservatezza dei dati**: Il trattamento dei dati personali deve essere effettuato in modo da garantire l'integrità e la riservatezza dei dati. Deve essere adottate misure tecniche e organizzative adeguate per proteggere i dati personali da accessi non autorizzati, perdite o divulgazioni.

4.2.3 Valutazione della base giuridica

Prima di procedere al trattamento dei dati personali, è importante valutare attentamente la base giuridica selezionata. È necessario verificare se la base giuridica scelta è adeguata alle finalità del trattamento e se tutte le condizioni previste dal GDPR sono soddisfatte. In caso di dubbio, è consigliabile consultare un esperto legale o un professionista della privacy per ottenere un parere qualificato.

La scelta della base giuridica corretta è fondamentale per garantire la conformità al GDPR e per proteggere i diritti e le libertà fondamentali degli interessati. Pertanto, è importante dedicare il tempo necessario per comprendere le diverse basi giuridiche e le relative condizioni, al fine di effettuare un trattamento dei dati personali in conformità alla normativa vigente.

4.3 Trattamento dei dati sensibili

Il trattamento dei dati sensibili è una delle questioni fondamentali affrontate dal Regolamento Generale sulla Protezione dei Dati

(GDPR). I dati sensibili sono informazioni che rivelano l'origine razziale o etnica, le opinioni politiche, le convinzioni religiose o filosofiche, l'appartenenza sindacale, i dati genetici, i dati biometrici, i dati relativi alla salute o alla vita sessuale o all'orientamento sessuale di una persona. Questi dati sono particolarmente delicati e richiedono una protezione speciale.

4.3.1 Definizione dei dati sensibili

Secondo il GDPR, i dati sensibili sono definiti come informazioni che possono rivelare l'identità di una persona e che sono considerate particolarmente sensibili. Questi dati possono essere raccolti solo con il consenso esplicito dell'interessato o se è necessario per adempiere a obblighi legali o per l'esecuzione di un contratto. È importante notare che il trattamento dei dati sensibili è vietato, a meno che non siano soddisfatte le condizioni specifiche previste dal GDPR.

4.3.2 Basi giuridiche per il trattamento dei dati sensibili

Il trattamento dei dati sensibili è consentito solo se esiste una base giuridica specifica. Il GDPR elenca diverse basi giuridiche che possono giustificare il trattamento di tali dati. Alcune delle basi giuridiche comuni includono il consenso esplicito dell'interessato, l'adempimento di obblighi legali, la protezione degli interessi vitali dell'interessato o di un'altra persona, l'esecuzione di un compito di interesse pubblico o l'esercizio di autorità pubblica, e la necessità per l'esecuzione di un contratto.

4.3.3 Principi per il trattamento dei dati sensibili

Il trattamento dei dati sensibili deve essere effettuato nel rispetto dei principi fondamentali del GDPR. Questi principi includono la liceità, la correttezza, la trasparenza, la limitazione delle finalità, la minimizzazione dei dati, l'accuratezza, la limitazione della conservazione, l'integrità e la riservatezza dei dati. È importante che le organizzazioni che trattano dati sensibili adottino misure adeguate per garantire la sicurezza e la protezione di tali dati.

4.3.4 Misure di sicurezza per il trattamento dei dati sensibili

Il trattamento dei dati sensibili richiede misure di sicurezza adeguate per proteggere tali informazioni da accessi non autorizzati, perdite o divulgazioni indebite. Le organizzazioni devono adottare misure tecniche e organizzative adeguate per garantire la sicurezza dei dati sensibili. Queste misure possono includere l'uso di crittografia, l'accesso limitato ai dati sensibili solo al personale autorizzato, la formazione del personale sulla protezione dei dati e la valutazione regolare dei rischi per identificare eventuali vulnerabilità.

4.3.5 Trasferimento dei dati sensibili al di fuori dell'UE

Il trasferimento dei dati sensibili al di fuori dell'Unione Europea (UE) è soggetto a restrizioni specifiche. Il GDPR stabilisce che i dati sensibili possono essere trasferiti solo verso paesi terzi che garantiscono un livello adeguato di protezione dei dati o se sono state adottate misure di sicurezza adeguate. Queste misure possono includere l'uso di clausole contrattuali standard, regole aziendali vincolanti o l'adesione a schemi di certificazione approvati.

4.3.6 Consenso esplicito per il trattamento dei dati sensibili

Il trattamento dei dati sensibili richiede il consenso esplicito dell'interessato. Il consenso deve essere libero, specifico, informato e inequivocabile. L'interessato deve essere pienamente consapevole delle finalità del trattamento dei dati sensibili e delle conseguenze del consenso. È importante che le organizzazioni conservino una prova del consenso dell'interessato per dimostrare la conformità al GDPR.

4.3.7 Ruolo del Responsabile della Protezione dei Dati (DPO) nel trattamento dei dati sensibili

Il Responsabile della Protezione dei Dati (DPO) svolge un ruolo fondamentale nel trattamento dei dati sensibili. Il DPO è responsabile di garantire che il trattamento dei dati sensibili sia conforme al GDPR e che siano adottate misure adeguate per proteggere tali dati. Il DPO deve essere coinvolto fin dall'inizio nel processo decisionale relativo al trattamento dei dati sensibili e deve fornire consulenza e supporto all'organizzazione per garantire la conformità alle disposizioni del GDPR.

4.3.8 Violazioni dei dati sensibili

Le violazioni dei dati sensibili rappresentano una grave minaccia per la privacy e la sicurezza delle persone interessate. In caso di violazione dei dati sensibili, le organizzazioni devono adottare misure immediate per mitigare gli effetti della violazione e notificare l'autorità di controllo competente entro 72 ore. È inoltre necessario informare gli interessati della violazione dei dati sensibili e delle misure adottate per affrontare la situazione.

4.3.9 Conclusioni

Il trattamento dei dati sensibili richiede una particolare attenzione e cautela da parte delle organizzazioni. È fondamentale rispettare i principi fondamentali del GDPR e adottare misure di sicurezza adeguate per proteggere tali dati. Il consenso esplicito dell'interessato è essenziale per il trattamento dei dati sensibili e il ruolo del DPO è fondamentale per garantire la conformità al GDPR. Le violazioni dei dati sensibili devono essere gestite in modo tempestivo e adeguato per proteggere la privacy e la sicurezza delle persone interessate.

5 Diritti degli interessati

5.1 Diritto all'informazione

Il diritto all'informazione è uno dei principali diritti degli interessati previsti dal GDPR. Questo diritto consente alle persone di essere informate in modo trasparente e chiaro su come vengono trattati i loro dati personali. In questa sezione, esploreremo in dettaglio cosa implica il diritto all'informazione e quali sono le responsabilità delle organizzazioni nel garantire questo diritto.

5.1.1 Cosa comprende il diritto all'informazione

Il diritto all'informazione implica che le organizzazioni devono fornire agli interessati una serie di informazioni chiare e comprensibili riguardo al trattamento dei loro dati personali. Queste informazioni devono essere fornite in modo trasparente, facilmente accessibile e in un linguaggio semplice. Le informazioni che devono essere fornite includono:

- L'identità del titolare del trattamento: l'organizzazione o l'individuo che decide come e perché i dati personali vengono trattati.
- I contatti del titolare del trattamento: un indirizzo e-mail o un numero di telefono a cui gli interessati possono rivolgersi per ottenere ulteriori informazioni o esercitare i loro diritti.
- Le finalità del trattamento: le ragioni per cui i dati personali vengono trattati.
- Le basi giuridiche del trattamento: il fondamento legale che giustifica il trattamento dei dati personali.
- I destinatari dei dati personali: le persone o le organizzazioni con cui i dati personali possono essere condivisi.
- I tempi di conservazione dei dati: il periodo di tempo per cui i dati personali verranno conservati.
- I diritti degli interessati: una spiegazione dei diritti che gli interessati hanno in relazione al trattamento dei loro dati personali.

- La possibilità di revocare il consenso: se il trattamento dei dati personali si basa sul consenso dell'interessato, quest'ultimo deve essere informato della possibilità di revocare il consenso in qualsiasi momento.
- La possibilità di presentare un reclamo: gli interessati devono essere informati della possibilità di presentare un reclamo all'autorità di controllo competente se ritengono che i loro diritti siano stati violati.

5.1.2 Responsabilità delle organizzazioni

Le organizzazioni sono responsabili di garantire che il diritto all'informazione degli interessati sia rispettato. Ciò significa che devono adottare misure adeguate per fornire le informazioni richieste in modo chiaro, trasparente e facilmente accessibile. Alcune delle responsabilità delle organizzazioni includono:

- Rendere disponibili le informazioni: le organizzazioni devono mettere a disposizione degli interessati le informazioni richieste in modo chiaro e comprensibile. Queste informazioni possono essere fornite attraverso una privacy policy, un avviso sulla privacy o altri mezzi appropriati.
- Aggiornare le informazioni: le organizzazioni devono assicurarsi che le informazioni fornite agli interessati siano accurate e aggiornate. Se ci sono modifiche nel trattamento dei dati personali, le organizzazioni devono informare gli interessati di tali modifiche.
- Rispondere alle richieste degli interessati: se un interessato richiede ulteriori informazioni o esercita i suoi diritti in relazione al trattamento dei suoi dati personali, le organizzazioni devono rispondere in modo tempestivo e completo.
- Garantire la trasparenza: le organizzazioni devono adottare misure per garantire la trasparenza nel trattamento dei dati personali. Ciò può includere l'adozione di politiche e procedure interne per garantire che i dati personali vengano trattati in conformità con il GDPR.

5.1.3 Esempi di informazioni da fornire

Per aiutare le organizzazioni a comprendere meglio quali informazioni devono essere fornite agli interessati, di seguito sono riportati alcuni esempi di informazioni che potrebbero essere incluse:

- Nome e contatti del titolare del trattamento.
- Scopi del trattamento dei dati personali.
- Basi giuridiche per il trattamento dei dati personali.
- Destinatari dei dati personali.
- Tempi di conservazione dei dati personali.
- Diritti degli interessati e come esercitarli.
- Possibilità di revocare il consenso.
- Possibilità di presentare un reclamo all'autorità di controllo competente.

È importante sottolineare che le informazioni fornite devono essere adattate al contesto specifico del trattamento dei dati personali e devono essere comprensibili per gli interessati.

In conclusione, il diritto all'informazione è un diritto fondamentale degli interessati previsto dal GDPR. Le organizzazioni devono garantire che le informazioni richieste siano fornite in modo chiaro, trasparente e facilmente accessibile. Fornire informazioni complete ed esaustive è essenziale per garantire la conformità al GDPR e per instaurare una relazione di fiducia con gli interessati.

5.2 Diritto di accesso

Il diritto di accesso è uno dei diritti fondamentali degli interessati previsti dal GDPR. Esso consente alle persone di richiedere e ottenere informazioni sul trattamento dei propri dati personali da parte di un'organizzazione. Questo diritto permette agli interessati di essere consapevoli di quali dati vengono trattati, come vengono utilizzati e se vengono condivisi con terze parti.

5.2.1 Cosa prevede il diritto di accesso?

Il diritto di accesso consente agli interessati di richiedere una copia dei propri dati personali che sono in possesso di un'organizzazione.

Questa richiesta può essere fatta in qualsiasi momento e l'organizzazione è tenuta a fornire una risposta entro un periodo di tempo ragionevole, di solito entro un mese dalla ricezione della richiesta.

5.2.2 Come fare una richiesta di accesso?

Per fare una richiesta di accesso, l'interessato deve inviare una comunicazione scritta all'organizzazione che tratta i suoi dati personali. Questa comunicazione deve contenere le seguenti informazioni:

- Nome e cognome dell'interessato
- Indirizzo e-mail o postale dell'interessato
- Descrizione chiara e specifica dei dati personali oggetto della richiesta
- Motivazione della richiesta di accesso

È importante che la richiesta sia chiara e specifica per consentire all'organizzazione di identificare correttamente i dati richiesti. Inoltre, l'interessato può essere tenuto a fornire ulteriori informazioni o documenti per verificare la sua identità.

5.2.3 Risposta dell'organizzazione

Dopo aver ricevuto una richiesta di accesso, l'organizzazione deve fornire una risposta entro un mese. Questa risposta deve includere le seguenti informazioni:

- Una copia dei dati personali dell'interessato oggetto della richiesta
- Le finalità del trattamento dei dati
- Le categorie di dati personali trattati
- Le eventuali terze parti a cui i dati personali sono stati comunicati
- Il periodo di conservazione dei dati personali
- I diritti dell'interessato, come il diritto di rettifica, cancellazione o limitazione del trattamento
- Il diritto di presentare un reclamo all'autorità di controllo competente

Se l'organizzazione non è in grado di fornire una risposta entro un mese, può richiedere un'estensione di altri due mesi, motivando la richiesta all'interessato.

5.2.4 Limitazioni al diritto di accesso

Il diritto di accesso non è assoluto e può essere soggetto a limitazioni in determinate circostanze. Ad esempio, l'organizzazione può rifiutare di fornire determinate informazioni se ciò potrebbe danneggiare la sicurezza nazionale, la difesa o la prevenzione, l'individuazione o la repressione di reati. Inoltre, l'organizzazione può rifiutare di fornire informazioni che riguardano terze persone, a meno che non abbiano dato il loro consenso o non sia possibile ottenere il loro consenso.

5.2.5 Cosa fare in caso di mancata risposta o risposta insoddisfacente?

Se l'organizzazione non risponde entro il termine previsto o se la risposta fornita non è soddisfacente, l'interessato ha il diritto di presentare un reclamo all'autorità di controllo competente. L'autorità di controllo valuterà il reclamo e prenderà le misure necessarie per garantire il rispetto del diritto di accesso.

In conclusione, il diritto di accesso è un diritto fondamentale che consente agli interessati di ottenere informazioni sul trattamento dei propri dati personali. È importante che le organizzazioni rispettino questo diritto e forniscano risposte tempestive e complete alle richieste di accesso.

5.3 Diritto di rettifica

Il diritto di rettifica è uno dei diritti fondamentali degli interessati previsti dal GDPR. Esso consente alle persone di richiedere la correzione o l'integrazione dei propri dati personali in caso di inesattezza o incompletezza. Questo diritto è particolarmente importante perché garantisce che i dati personali siano sempre aggiornati e corretti.

5.3.1 Cosa prevede il diritto di rettifica?

Il diritto di rettifica dà agli interessati il potere di richiedere la correzione dei propri dati personali se sono inesatti o incompleti. Ad esempio, se un'azienda ha registrato erroneamente il nome di una persona o ha inserito un indirizzo di posta elettronica errato, l'interessato ha il diritto di richiedere la correzione di tali errori.

5.3.2 Come esercitare il diritto di rettifica?

Per esercitare il diritto di rettifica, l'interessato deve inviare una richiesta scritta all'organizzazione che tratta i suoi dati personali. La richiesta deve contenere informazioni specifiche sulla correzione o integrazione richiesta e deve essere supportata da prove documentali, se disponibili.

L'organizzazione ha l'obbligo di rispondere alla richiesta di rettifica entro un determinato periodo di tempo, di solito entro un mese dalla ricezione della richiesta. Se l'organizzazione accoglie la richiesta, deve correggere immediatamente i dati personali e informare l'interessato dell'avvenuta rettifica.

5.3.3 Limiti al diritto di rettifica

È importante sottolineare che il diritto di rettifica non è assoluto e può essere soggetto a limitazioni. Ad esempio, se i dati personali sono stati resi pubblici o se la correzione richiesta è considerata eccessiva o impossibile da realizzare, l'organizzazione potrebbe rifiutare la richiesta di rettifica.

Tuttavia, in caso di rifiuto, l'organizzazione deve fornire una motivazione valida e informare l'interessato dei suoi diritti di presentare un reclamo presso l'autorità di controllo competente.

5.3.4 Implicazioni per le organizzazioni

Le organizzazioni devono essere consapevoli del diritto di rettifica e adottare misure adeguate per garantire che i dati personali siano accurati e aggiornati. Ciò implica l'implementazione di procedure interne per gestire le richieste di rettifica e la revisione periodica dei dati personali per identificare eventuali errori o incompletezze.

Inoltre, le organizzazioni devono essere pronte a rispondere alle richieste di rettifica in modo tempestivo e trasparente, fornendo all'interessato tutte le informazioni necessarie sulle azioni intraprese per correggere i dati personali.

5.3.5 Sanzioni per la violazione del diritto di rettifica

Il mancato rispetto del diritto di rettifica può comportare sanzioni significative per le organizzazioni. L'autorità di controllo competente ha il potere di infliggere multe amministrative fino a una determinata percentuale del fatturato annuo dell'organizzazione o un importo fisso elevato.

Pertanto, è fondamentale che le organizzazioni rispettino il diritto di rettifica e adottino misure adeguate per garantire l'accuratezza e l'aggiornamento dei dati personali.

Conclusioni

Il diritto di rettifica è un importante strumento per garantire che i dati personali siano accurati e aggiornati. Gli interessati hanno il potere di richiedere la correzione o l'integrazione dei propri dati personali in caso di inesattezza o incompletezza. Le organizzazioni devono essere consapevoli di questo diritto e adottare misure adeguate per garantire l'accuratezza dei dati personali e rispondere alle richieste di rettifica in modo tempestivo e trasparente.

5.4 Diritto alla cancellazione

Il diritto alla cancellazione, noto anche come "diritto all'oblio", è uno dei diritti fondamentali degli interessati previsti dal GDPR. Questo diritto consente agli individui di richiedere la cancellazione dei propri dati personali da parte di un'organizzazione o di un responsabile del trattamento dei dati.

5.4.1 Cosa prevede il diritto alla cancellazione?

Il diritto alla cancellazione consente agli interessati di richiedere la rimozione dei propri dati personali quando sussiste uno dei seguenti motivi:

1. I dati personali non sono più necessari rispetto alle finalità per le quali sono stati raccolti o altrimenti trattati.
2. L'interessato revoca il consenso su cui si basa il trattamento dei dati e non sussiste un'altra base giuridica per il trattamento.
3. L'interessato si oppone al trattamento dei dati e non sussiste un motivo legittimo prevalente per continuare il trattamento.
4. I dati personali sono stati trattati illecitamente.
5. I dati personali devono essere cancellati per adempiere a un obbligo legale previsto dal diritto dell'Unione europea o dal diritto dello Stato membro a cui è soggetto il responsabile del trattamento.
6. I dati personali sono stati raccolti in relazione all'offerta di servizi della società dell'informazione a un minore di 16 anni.

5.4.2 Come esercitare il diritto alla cancellazione?

Per esercitare il diritto alla cancellazione, l'interessato deve presentare una richiesta scritta al responsabile del trattamento dei dati. La richiesta deve contenere informazioni sufficienti per identificare l'interessato e i dati personali oggetto della richiesta.

Il responsabile del trattamento dei dati ha l'obbligo di valutare attentamente la richiesta e di verificare se sussistono motivi validi per la cancellazione dei dati personali. Se la richiesta è giustificata, il responsabile del trattamento deve procedere alla cancellazione dei dati nel più breve tempo possibile.

Tuttavia, è importante notare che il diritto alla cancellazione non è assoluto e può essere limitato in determinate circostanze. Ad esempio, il responsabile del trattamento può essere autorizzato a conservare i dati personali se il trattamento è necessario per l'esercizio del diritto alla libertà di espressione e di informazione, per l'adempimento di un obbligo legale o per l'accertamento, l'esercizio o la difesa di un diritto in sede giudiziaria.

5.4.3 Conseguenze della cancellazione dei dati personali

La cancellazione dei dati personali può avere diverse conseguenze, sia per l'interessato che per il responsabile del trattamento dei dati. Per l'interessato, la cancellazione dei dati può significare la perdita di accesso a determinati servizi o funzionalità offerti dall'organizzazione. Ad esempio, se un individuo richiede la cancellazione del proprio account su un sito web, potrebbe non essere più in grado di accedere a determinati contenuti o servizi riservati agli utenti registrati.

Per il responsabile del trattamento dei dati, la cancellazione dei dati personali comporta l'obbligo di eliminare tutte le copie dei dati e di informare eventuali terze parti che hanno ricevuto i dati personali dell'interessato della richiesta di cancellazione. Inoltre, il responsabile del trattamento deve adottare misure tecniche e organizzative per garantire che i dati personali siano effettivamente cancellati e non possano essere ripristinati in futuro.

5.4.4 Sanzioni per la violazione del diritto alla cancellazione

Il mancato rispetto del diritto alla cancellazione può comportare sanzioni significative per il responsabile del trattamento dei dati. Secondo il GDPR, le autorità di controllo possono infliggere multe amministrative fino a 20 milioni di euro o fino al 4% del fatturato annuo globale dell'organizzazione, a seconda di quale importo sia maggiore.

È quindi fondamentale per le organizzazioni comprendere e rispettare il diritto alla cancellazione dei dati personali degli interessati al fine di evitare sanzioni e preservare la fiducia dei propri clienti e utenti.

In conclusione, il diritto alla cancellazione è un importante strumento per garantire la protezione dei dati personali degli individui. Gli interessati hanno il diritto di richiedere la cancellazione dei propri dati quando sussistono determinati motivi, e i responsabili del trattamento dei dati devono rispettare tali richieste, salvo eccezioni previste dalla legge. La cancellazione dei dati personali comporta conseguenze sia per gli interessati che per i responsabili del trattamento, ma è un passo fondamentale per garantire la privacy e la sicurezza dei dati personali.

5.5 Diritto di limitazione del trattamento

Il diritto di limitazione del trattamento è uno dei diritti degli interessati previsti dal GDPR. Esso consente agli individui di richiedere la limitazione del trattamento dei propri dati personali da parte del titolare del trattamento. Questo diritto può essere esercitato in determinate circostanze specificate dal regolamento.

5.5.1 Quando si può richiedere la limitazione del trattamento

L'interessato può richiedere la limitazione del trattamento dei propri dati personali in diverse situazioni. Ad esempio, se l'interessato contesta l'esattezza dei dati personali trattati, può richiedere la limitazione del trattamento fino a quando il titolare del trattamento verifica l'esattezza di tali dati. Inoltre, se il trattamento dei dati personali è illecito e l'interessato preferisce la limitazione del trattamento anziché la cancellazione dei dati, può farlo.

Un'altra situazione in cui l'interessato può richiedere la limitazione del trattamento è quando il titolare del trattamento non ha più bisogno dei dati personali per le finalità del trattamento, ma l'interessato ne ha bisogno per l'esercizio o la difesa di un diritto legale. In questo caso, l'interessato può richiedere la limitazione del trattamento fino a quando il titolare del trattamento non dimostra di avere motivi legittimi prevalenti per continuare a trattare tali dati.

5.5.2 Come richiedere la limitazione del trattamento

Per richiedere la limitazione del trattamento dei propri dati personali, l'interessato deve inviare una comunicazione scritta al titolare del trattamento. Questa comunicazione deve contenere le seguenti informazioni:

1. L'identità dell'interessato: nome, cognome, indirizzo e altre informazioni di contatto.

2. Una descrizione chiara e dettagliata della richiesta di limitazione del trattamento.
3. Le ragioni per cui si richiede la limitazione del trattamento.
4. Eventuali prove o documenti che supportano la richiesta di limitazione del trattamento.

È importante che l'interessato fornisca tutte le informazioni necessarie e pertinenti per facilitare il processo di valutazione della richiesta da parte del titolare del trattamento. Inoltre, l'interessato dovrebbe conservare una copia della comunicazione inviata per eventuali futuri riferimenti.

5.5.3 Risposta del titolare del trattamento

Il titolare del trattamento deve rispondere alla richiesta di limitazione del trattamento entro un periodo di tempo ragionevole, di solito entro un mese dalla ricezione della richiesta. Tuttavia, in determinate circostanze, questo periodo di tempo può essere esteso a tre mesi. In ogni caso, il titolare del trattamento deve informare l'interessato della decisione presa entro il termine stabilito.

Se il titolare del trattamento accoglie la richiesta di limitazione del trattamento, deve informare tutti i destinatari a cui i dati personali sono stati comunicati della limitazione del trattamento, a meno che ciò si riveli impossibile o richieda uno sforzo sproporzionato. Inoltre, il titolare del trattamento deve informare l'interessato quando la limitazione del trattamento viene revocata.

5.5.4 Ricorso all'autorità di controllo

Se l'interessato non è soddisfatto della risposta del titolare del trattamento alla richiesta di limitazione del trattamento, può presentare un reclamo all'autorità di controllo competente. L'autorità di controllo valuterà il reclamo e prenderà le misure necessarie per garantire il rispetto del diritto di limitazione del trattamento.

È importante che l'interessato sia consapevole dei propri diritti e sappia come esercitarli correttamente. Il diritto di limitazione del trattamento è uno strumento importante per proteggere la privacy e il controllo sui propri dati personali.

5.6 Diritto alla portabilità dei dati

Il diritto alla portabilità dei dati è uno dei diritti degli interessati previsti dal GDPR. Esso consente alle persone di richiedere e ottenere i propri dati personali in un formato strutturato, di uso comune e leggibile da dispositivo automatico, al fine di trasferirli facilmente da un titolare del trattamento a un altro, senza impedimenti.

5.6.1 Cosa si intende per portabilità dei dati

La portabilità dei dati si riferisce alla possibilità per gli interessati di spostare i propri dati personali da un'organizzazione a un'altra in modo agevole e senza ostacoli. Questo diritto è stato introdotto dal GDPR per garantire che le persone abbiano un maggiore controllo sui propri dati personali e la possibilità di scegliere liberamente con chi condividerli.

5.6.2 Come esercitare il diritto alla portabilità dei dati

Per esercitare il diritto alla portabilità dei dati, gli interessati devono presentare una richiesta scritta al titolare del trattamento. La richiesta deve contenere informazioni specifiche, come ad esempio i dati personali da trasferire e il formato preferito per il trasferimento. Il titolare del trattamento ha il dovere di rispondere alla richiesta entro un periodo di tempo ragionevole, di norma entro un mese dalla ricezione della richiesta.

5.6.3 Limitazioni al diritto alla portabilità dei dati

È importante sottolineare che il diritto alla portabilità dei dati non è assoluto e può essere soggetto a determinate limitazioni. Ad esempio, il diritto si applica solo ai dati personali che l'interessato ha fornito al titolare del trattamento e che sono trattati con il consenso dell'interessato o nell'ambito di un contratto. Inoltre, il diritto non si applica se il trattamento dei dati è necessario per l'esecuzione di un compito svolto nell'interesse pubblico o nell'esercizio di pubblici poteri conferiti al titolare del trattamento.

5.6.4 Formato dei dati e interoperabilità

Il GDPR specifica che i dati personali devono essere forniti in un formato strutturato, di uso comune e leggibile da dispositivo automatico. Questo significa che i dati devono essere organizzati in modo ordinato e coerente, in modo da consentire un facile trasferimento e utilizzo da parte dell'interessato. Inoltre, i dati devono essere forniti in un formato che sia compatibile con i sistemi informatici utilizzati dal titolare del trattamento e dal destinatario dei dati.

5.6.5 Impatto sulla responsabilità del titolare del trattamento

Il diritto alla portabilità dei dati pone una responsabilità aggiuntiva sul titolare del trattamento. Quest'ultimo deve garantire che i dati personali siano trattati in modo sicuro e che siano disponibili le misure tecniche e organizzative adeguate per facilitare il trasferimento dei dati. Inoltre, il titolare del trattamento deve essere in grado di fornire ai destinatari dei dati le informazioni necessarie per garantire un trattamento corretto e sicuro dei dati personali.

5.6.6 Benefici del diritto alla portabilità dei dati

Il diritto alla portabilità dei dati offre numerosi benefici agli interessati. Innanzitutto, consente alle persone di avere un maggiore controllo sui propri dati personali e di decidere con chi condividerli. Inoltre, facilita il passaggio da un servizio a un altro, consentendo agli interessati di trasferire facilmente i propri dati personali da un'organizzazione a un'altra. Questo può essere particolarmente utile nel contesto dei servizi online, come ad esempio i social media o i servizi di streaming, dove gli utenti possono desiderare di spostare i propri dati personali da una piattaforma all'altra.

5.6.7 Ruolo del titolare del trattamento nel garantire la portabilità dei dati

Il titolare del trattamento ha un ruolo fondamentale nel garantire la portabilità dei dati. Deve adottare misure tecniche e organizzative adeguate per consentire il trasferimento agevole dei dati personali.

Ciò può includere l'implementazione di formati standard per la trasmissione dei dati, l'adozione di protocolli di sicurezza per proteggere i dati durante il trasferimento e l'aggiornamento dei sistemi informatici per garantire l'interoperabilità con altre organizzazioni.

5.6.8 Sanzioni per la violazione del diritto alla portabilità dei dati

Il mancato rispetto del diritto alla portabilità dei dati può comportare sanzioni significative per il titolare del trattamento. Secondo il GDPR, le autorità di controllo possono infliggere multe amministrative fino a un massimo del 4% del fatturato annuo globale dell'organizzazione o fino a 20 milioni di euro, a seconda di quale importo sia maggiore. Pertanto, è fondamentale che i titolari del trattamento rispettino il diritto alla portabilità dei dati e adottino le misure necessarie per garantirne l'effettiva attuazione.

5.6.9 Conclusioni

Il diritto alla portabilità dei dati è un importante strumento che consente agli interessati di esercitare un maggiore controllo sui propri dati personali. Esso offre numerosi benefici, tra cui la possibilità di trasferire facilmente i propri dati da un'organizzazione a un'altra. Tuttavia, è importante che i titolari del trattamento adottino le misure necessarie per garantire l'effettiva attuazione di questo diritto e rispettino le disposizioni del GDPR.

5.7 Diritto di opposizione

Il diritto di opposizione è uno dei diritti fondamentali degli interessati previsti dal GDPR. Esso consente alle persone di opporsi al trattamento dei propri dati personali in determinate circostanze. Questo diritto è particolarmente importante perché dà agli individui il controllo sui propri dati e la possibilità di influenzare il modo in cui vengono utilizzati.

5.7.1 Cosa significa il diritto di opposizione?

Il diritto di opposizione consente agli interessati di opporsi al trattamento dei propri dati personali quando vi sono motivi legittimi connessi alla loro situazione particolare. Questo diritto si applica sia al trattamento basato sull'interesse legittimo del titolare del trattamento che al trattamento effettuato per finalità di marketing diretto.

5.7.2 Quando si può esercitare il diritto di opposizione?

Il diritto di opposizione può essere esercitato in diverse situazioni. Ad esempio, un individuo può opporsi al trattamento dei propri dati personali per finalità di marketing diretto, compresa la profilazione. Inoltre, se il trattamento dei dati personali è basato sull'interesse legittimo del titolare del trattamento, l'interessato può opporsi se vi sono motivi legittimi connessi alla sua situazione particolare.

5.7.3 Come esercitare il diritto di opposizione?

Per esercitare il diritto di opposizione, l'interessato deve inviare una richiesta al titolare del trattamento. La richiesta deve essere chiara e specifica, indicando il motivo per cui si oppone al trattamento dei propri dati personali. Il titolare del trattamento deve rispondere alla richiesta entro un determinato periodo di tempo e fornire una spiegazione se decide di non accogliere la richiesta.

5.7.4 Effetti del diritto di opposizione

Se l'interessato esercita il diritto di opposizione e il trattamento dei suoi dati personali è basato sull'interesse legittimo del titolare del trattamento, quest'ultimo deve interrompere il trattamento, a meno che non possa dimostrare l'esistenza di motivi legittimi cogenti per continuare il trattamento che prevalgono sugli interessi, i diritti e le libertà dell'interessato.

Nel caso in cui il trattamento dei dati personali sia finalizzato al marketing diretto, compresa la profilazione, il titolare del trattamento deve interrompere il trattamento dei dati personali per tali finalità.

5.7.5 Limitazioni al diritto di opposizione

È importante sottolineare che il diritto di opposizione non è assoluto e può essere soggetto a limitazioni. Ad esempio, se il titolare del trattamento può dimostrare l'esistenza di motivi legittimi cogenti per continuare il trattamento che prevalgono sugli interessi, i diritti e le libertà dell'interessato, potrebbe non essere tenuto a interrompere il trattamento.

Inoltre, il diritto di opposizione non si applica se il trattamento dei dati personali è necessario per l'esecuzione di un compito svolto nell'interesse pubblico o nell'esercizio di pubblici poteri conferiti al titolare del trattamento.

5.7.6 Ruolo del titolare del trattamento nel rispetto del diritto di opposizione

Il titolare del trattamento ha il compito di garantire il rispetto del diritto di opposizione degli interessati. Ciò significa che deve mettere a disposizione degli interessati mezzi facili ed efficaci per esercitare tale diritto. Inoltre, il titolare del trattamento deve informare gli interessati in modo chiaro e trasparente sul diritto di opposizione e sulle modalità per esercitarlo.

5.7.7 Sanzioni per la violazione del diritto di opposizione

La violazione del diritto di opposizione può comportare sanzioni significative per il titolare del trattamento. Le autorità di controllo hanno il potere di infliggere multe amministrative proporzionate alla gravità della violazione. Pertanto, è fondamentale che i titolari del trattamento rispettino il diritto di opposizione degli interessati e adottino le misure necessarie per garantire il suo rispetto.

In conclusione, il diritto di opposizione è un importante strumento che dà agli interessati il controllo sui propri dati personali. Consentendo alle persone di opporsi al trattamento dei loro dati in determinate circostanze, il GDPR promuove la tutela della privacy e dei diritti degli individui. È fondamentale che i titolari del trattamento rispettino questo diritto e mettano a disposizione degli interessati le informazioni e le procedure necessarie per esercitarlo.

6 Sicurezza dei dati e violazioni

6.1 Principi di sicurezza dei dati

La sicurezza dei dati è un aspetto fondamentale del Regolamento Generale sulla Protezione dei Dati (GDPR). Il GDPR richiede che le organizzazioni adottino misure tecniche e organizzative adeguate per garantire la protezione dei dati personali e prevenire la violazione dei dati.

6.1.1 Riservatezza dei dati

La riservatezza dei dati è uno dei principi chiave della sicurezza dei dati. Significa che i dati personali devono essere trattati in modo confidenziale e accessibili solo da persone autorizzate. Le organizzazioni devono adottare misure per garantire che i dati personali siano protetti da accessi non autorizzati, perdite o divulgazioni indebite.

Per garantire la riservatezza dei dati, le organizzazioni possono adottare diverse misure, come l'implementazione di controlli di accesso, l'uso di crittografia per proteggere i dati durante la trasmissione e lo stoccaggio, e l'implementazione di politiche e procedure per gestire l'accesso ai dati.

6.1.2 Integrità dei dati

L'integrità dei dati è un altro principio fondamentale della sicurezza dei dati. Significa che i dati personali devono essere accurati, completi e aggiornati. Le organizzazioni devono adottare misure per garantire che i dati personali non siano alterati o modificati in modo non autorizzato.

Per garantire l'integrità dei dati, le organizzazioni possono adottare diverse misure, come l'implementazione di controlli per prevenire la modifica non autorizzata dei dati, l'uso di firme digitali per verificare l'autenticità dei dati e l'implementazione di politiche e procedure per garantire l'accuratezza e l'aggiornamento dei dati.

6.1.3 Disponibilità dei dati

La disponibilità dei dati è un altro aspetto importante della sicurezza dei dati. Significa che i dati personali devono essere accessibili e utilizzabili quando necessario. Le organizzazioni devono adottare misure per garantire che i dati personali siano disponibili in modo tempestivo e continuativo.

Per garantire la disponibilità dei dati, le organizzazioni possono adottare diverse misure, come l'implementazione di sistemi di backup e di ripristino per garantire la disponibilità dei dati in caso di incidenti o guasti, l'implementazione di politiche e procedure per garantire la disponibilità dei dati e l'implementazione di misure per prevenire interruzioni del servizio.

6.1.4 Risposta agli incidenti di sicurezza

Le organizzazioni devono essere pronte a gestire gli incidenti di sicurezza dei dati in conformità con il GDPR. Un incidente di sicurezza dei dati si verifica quando i dati personali sono compromessi a causa di una violazione della sicurezza. Le organizzazioni devono adottare misure per prevenire gli incidenti di sicurezza e per gestire efficacemente quelli che si verificano.

Per gestire gli incidenti di sicurezza dei dati, le organizzazioni devono adottare misure come l'implementazione di un piano di risposta agli incidenti, la nomina di un responsabile della gestione degli incidenti, la notifica delle violazioni dei dati alle autorità competenti e agli interessati, e l'implementazione di misure correttive per prevenire futuri incidenti.

6.1.5 Consapevolezza e formazione

La consapevolezza e la formazione sono fondamentali per garantire la sicurezza dei dati. Le organizzazioni devono assicurarsi che il personale sia consapevole delle norme di sicurezza dei dati e delle loro responsabilità in materia di protezione dei dati personali. Devono anche fornire formazione regolare sulle misure di sicurezza dei dati e sulle migliori pratiche per prevenire violazioni dei dati.

La consapevolezza e la formazione possono contribuire a creare una cultura della sicurezza dei dati all'interno dell'organizzazione, in cui tutti i dipendenti comprendono l'importanza della protezione dei dati personali e adottano le misure necessarie per garantire la sicurezza dei dati.

In conclusione, la sicurezza dei dati è un aspetto fondamentale del GDPR. Le organizzazioni devono adottare misure tecniche e organizzative adeguate per garantire la riservatezza, l'integrità e la disponibilità dei dati personali. Devono anche essere pronte a gestire gli incidenti di sicurezza dei dati e assicurarsi che il personale sia consapevole delle norme di sicurezza dei dati e delle loro responsabilità. La sicurezza dei dati è un impegno continuo e richiede un approccio olistico per garantire la protezione dei dati personali.

6.2 Misure tecniche e organizzative

Le misure tecniche e organizzative sono fondamentali per garantire la sicurezza dei dati personali e per conformarsi al Regolamento Generale sulla Protezione dei Dati (GDPR). Queste misure sono progettate per prevenire la perdita, la divulgazione non autorizzata, l'accesso non autorizzato o la modifica dei dati personali. In questa sezione, esamineremo le principali misure tecniche e organizzative che le organizzazioni devono adottare per proteggere i dati personali.

6.2.1 Identificazione e valutazione dei rischi

Prima di implementare qualsiasi misura di sicurezza, è importante identificare e valutare i rischi associati al trattamento dei dati personali. Questo processo coinvolge l'analisi dei potenziali rischi per la riservatezza, l'integrità e la disponibilità dei dati personali. Una volta identificati i rischi, è necessario valutarne l'impatto e la probabilità di accadimento. Questa valutazione dei rischi aiuta a determinare le misure di sicurezza adeguate da implementare.

6.2.2 Accesso e controllo dei dati

Un aspetto fondamentale della sicurezza dei dati è l'accesso e il controllo dei dati personali. Le organizzazioni devono garantire che solo le persone autorizzate abbiano accesso ai dati personali e che l'accesso sia limitato al necessario per svolgere le proprie mansioni.

Ciò può essere realizzato attraverso l'implementazione di controlli di accesso, come l'uso di password complesse, l'autenticazione a due fattori e la gestione dei privilegi degli utenti. Inoltre, è importante tenere traccia degli accessi ai dati personali e monitorare eventuali attività sospette.

6.2.3 Crittografia dei dati

La crittografia dei dati è un'importante misura tecnica per proteggere i dati personali durante la trasmissione e lo stoccaggio. La crittografia consiste nel convertire i dati in un formato illeggibile, noto come testo cifrato, che può essere letto solo da chi possiede la chiave di decrittazione corretta. L'utilizzo della crittografia dei dati può prevenire l'accesso non autorizzato ai dati personali anche nel caso in cui vengano intercettati durante la trasmissione o in caso di furto o smarrimento dei dispositivi di archiviazione.

6.2.4 Backup e ripristino dei dati

Per garantire la disponibilità dei dati personali, è importante implementare un sistema di backup regolare e affidabile. I backup dei dati personali devono essere effettuati in modo sicuro e periodicamente testati per garantire che i dati possano essere ripristinati in caso di perdita o danneggiamento. Inoltre, è importante mantenere i backup in un luogo sicuro e separato dai dati originali per evitare la perdita totale dei dati in caso di incidente o disastro.

6.2.5 Formazione e consapevolezza dei dipendenti

La formazione e la consapevolezza dei dipendenti sono fondamentali per garantire la sicurezza dei dati personali. Le organizzazioni devono fornire ai dipendenti una formazione adeguata sulle politiche e le procedure di sicurezza dei dati, nonché sulle loro responsabilità individuali per proteggere i dati personali. Inoltre, è importante sensibilizzare i dipendenti sui rischi associati al trattamento dei dati personali e sull'importanza di adottare misure di sicurezza adeguate.

6.2.6 Monitoraggio e revisione

Il monitoraggio e la revisione delle misure tecniche e organizzative sono essenziali per garantire che siano efficaci nel proteggere i dati personali. Le organizzazioni devono monitorare costantemente le attività di trattamento dei dati e le misure di sicurezza implementate per identificare eventuali vulnerabilità o violazioni. Inoltre, è importante effettuare regolarmente revisioni delle misure di sicurezza per assicurarsi che siano allineate alle migliori pratiche e agli standard di sicurezza.

6.2.7 Gestione degli incidenti di sicurezza

Nonostante tutte le misure di sicurezza adottate, è possibile che si verifichino violazioni dei dati personali. Pertanto, è importante avere un piano di gestione degli incidenti di sicurezza in atto. Questo piano dovrebbe definire le procedure da seguire in caso di violazione dei dati, compresa la notifica alle autorità competenti e agli interessati. Inoltre, è importante condurre un'indagine interna per determinare la causa dell'incidente e prendere le misure correttive necessarie per prevenirne il ripetersi.

Le misure tecniche e organizzative descritte in questa sezione sono solo alcune delle misure che le organizzazioni devono adottare per proteggere i dati personali e conformarsi al GDPR. È importante valutare le specifiche esigenze e i rischi dell'organizzazione e implementare le misure di sicurezza adeguate per garantire la protezione dei dati personali.

6.3 Gestione delle violazioni dei dati

La gestione delle violazioni dei dati è un aspetto fondamentale del Regolamento Generale sulla Protezione dei Dati (GDPR). Le violazioni dei dati possono verificarsi in diverse forme, come ad esempio l'accesso non autorizzato, la divulgazione accidentale o il furto di dati personali. È responsabilità delle organizzazioni adottare misure adeguate per prevenire tali violazioni e, nel caso in cui si verifichino, gestirle in modo tempestivo ed efficace.

6.3.1 Definizione di violazione dei dati

Una violazione dei dati si verifica quando si verifica una violazione della sicurezza che comporta la distruzione, la perdita, l'alterazione, la divulgazione non autorizzata o l'accesso non autorizzato a dati personali. Questo può includere sia dati personali sensibili che non sensibili. È importante notare che una violazione dei dati non è limitata solo a incidenti informatici, ma può anche includere errori umani o violazioni fisiche della sicurezza.

6.3.2 Obblighi delle organizzazioni

Le organizzazioni sono tenute ad adottare misure adeguate per prevenire le violazioni dei dati e garantire la sicurezza dei dati personali. Queste misure possono includere l'implementazione di politiche e procedure di sicurezza, la formazione del personale, l'uso di tecnologie di sicurezza e la valutazione regolare dei rischi. In caso di violazione dei dati, le organizzazioni devono essere in grado di dimostrare di aver adottato misure adeguate per prevenire tali incidenti.

6.3.3 Notifica delle violazioni dei dati

In caso di violazione dei dati personali, le organizzazioni sono tenute a notificare l'incidente all'autorità di controllo competente entro 72 ore dalla scoperta, a meno che la violazione non sia improbabile che comporti un rischio per i diritti e le libertà delle persone interessate. Inoltre, se la violazione dei dati rappresenta un rischio elevato per i diritti e le libertà delle persone interessate, le organizzazioni devono anche notificare direttamente le persone interessate.

La notifica delle violazioni dei dati deve contenere informazioni dettagliate sull'incidente, compresi i tipi di dati personali interessati, le possibili conseguenze della violazione e le misure adottate per affrontare l'incidente. È importante notare che la notifica delle violazioni dei dati non è solo un obbligo legale, ma anche un modo per instaurare la fiducia con le persone interessate e dimostrare la trasparenza nell'affrontare le violazioni dei dati.

6.3.4 Gestione delle violazioni dei dati

La gestione delle violazioni dei dati richiede un approccio tempestivo ed efficace per affrontare l'incidente e mitigare i potenziali danni. Le organizzazioni devono adottare misure immediate per limitare l'accesso non autorizzato ai dati, ripristinare l'integrità dei dati e prevenire ulteriori violazioni. Questo può includere l'isolamento dei sistemi colpiti, la modifica delle password, l'aggiornamento dei software e l'implementazione di misure di sicurezza supplementari.

Inoltre, le organizzazioni devono condurre un'indagine interna per determinare la causa dell'incidente e identificare le misure correttive necessarie per prevenire futuri incidenti simili. Questo può includere la revisione delle politiche e delle procedure di sicurezza, la formazione del personale e l'aggiornamento delle tecnologie di sicurezza.

6.3.5 Sanzioni per le violazioni dei dati

Il GDPR prevede sanzioni significative per le violazioni dei dati, che possono includere multe amministrative fino al 4% del fatturato annuo globale dell'organizzazione o fino a 20 milioni di euro, a seconda di quale importo sia maggiore. Queste sanzioni sono proporzionate alla gravità dell'incidente e alla gravità delle violazioni dei dati.

È importante che le organizzazioni prendano sul serio la gestione delle violazioni dei dati e adottino misure adeguate per prevenirle. La conformità al GDPR non solo protegge i diritti e le libertà delle persone interessate, ma contribuisce anche a preservare la reputazione e la fiducia dell'organizzazione.

7 Trasferimento dei dati al di fuori dell'UE

7.1 Principi per il trasferimento dei dati

Il trasferimento dei dati personali al di fuori dell'Unione Europea (UE) è un argomento di grande importanza nel contesto del Regolamento Generale sulla Protezione dei Dati (GDPR). Il GDPR stabilisce principi specifici che devono essere seguiti per garantire che i dati personali siano trasferiti in modo sicuro e conforme alla normativa.

7.1.1 Base giuridica per il trasferimento dei dati

Prima di procedere con il trasferimento dei dati personali al di fuori dell'UE, è fondamentale identificare una base giuridica valida che giustifichi tale trasferimento. Il GDPR fornisce diverse basi giuridiche che possono essere utilizzate per il trasferimento dei dati, tra cui:

1. **Consenso esplicito**: Se l'interessato ha dato il proprio consenso esplicito al trasferimento dei propri dati personali al di fuori dell'UE, allora il trasferimento può essere effettuato sulla base di tale consenso.

2. **Esecuzione di un contratto**: Se il trasferimento dei dati personali è necessario per l'esecuzione di un contratto tra l'interessato e il titolare del trattamento, allora il trasferimento può essere effettuato sulla base di questa base giuridica.

3. **Misure contrattuali**: È possibile utilizzare clausole contrattuali standard approvate dalla Commissione Europea per garantire che il trasferimento dei dati avvenga in conformità al GDPR. Queste clausole contrattuali standard contengono disposizioni specifiche che proteggono i diritti degli interessati e garantiscono un livello adeguato di protezione dei dati.

4. **Norme aziendali vincolanti**: Le norme aziendali vincolanti (Binding Corporate Rules - BCRs) sono regole interne adottate da un gruppo di società che consentono il trasferimento dei dati personali all'interno del gruppo in conformità al GDPR. Le BCRs devono essere approvate dall'autorità di controllo competente prima di poter essere utilizzate come base giuridica per il trasferimento dei dati.

5. **Deroghe specifiche**: Il GDPR prevede deroghe specifiche che possono essere utilizzate come base giuridica per il trasferimento dei dati personali al di fuori dell'UE in determinate circostanze. Ad esempio, il trasferimento può essere consentito se è necessario per l'esecuzione di un contratto tra l'interessato e il titolare del trattamento, o se è necessario per motivi di interesse pubblico importante.

7.1.2 Adeguata protezione dei dati

Oltre alla base giuridica, è fondamentale garantire che i dati personali trasferiti al di fuori dell'UE siano adeguatamente protetti. Il GDPR richiede che il paese di destinazione offra un livello di protezione dei dati equivalente a quello garantito all'interno dell'UE. Questo può essere valutato prendendo in considerazione diversi fattori, tra cui:

1. **Decisione di adeguatezza**: La Commissione Europea può adottare una decisione di adeguatezza che stabilisce che un paese terzo offre un livello di protezione dei dati adeguato. In tal caso, il trasferimento dei dati verso quel paese può avvenire senza ulteriori misure di protezione.

2. **Misure di sicurezza**: Se il paese di destinazione non ha una decisione di adeguatezza, è necessario adottare misure di sicurezza adeguate per garantire la protezione dei dati personali. Queste misure possono

includere l'utilizzo di clausole contrattuali standard, norme aziendali vincolanti o meccanismi di certificazione.

3. **Garanzie adeguate**: È possibile richiedere garanzie adeguate dal destinatario dei dati personali al di fuori dell'UE. Queste garanzie possono includere impegni contrattuali, ad esempio l'adesione a clausole contrattuali standard o l'adesione a un codice di condotta approvato.

4. **Autorizzazione specifica**: In alcuni casi, è possibile trasferire i dati personali al di fuori dell'UE solo previa autorizzazione specifica da parte dell'autorità di controllo competente. Questa autorizzazione può essere concessa se sono presenti garanzie adeguate per la protezione dei dati personali.

È importante sottolineare che il trasferimento dei dati personali al di fuori dell'UE deve essere documentato e adeguatamente giustificato. I titolari del trattamento devono essere in grado di dimostrare che hanno adottato le misure necessarie per garantire la conformità al GDPR durante il trasferimento dei dati.

In conclusione, il trasferimento dei dati personali al di fuori dell'UE è un'operazione complessa che richiede l'osservanza di principi specifici stabiliti dal GDPR. È fondamentale identificare una base giuridica valida e garantire un livello adeguato di protezione dei dati durante il trasferimento.

7.2 Strumenti legali per il trasferimento dei dati

Il trasferimento dei dati personali al di fuori dell'Unione Europea (UE) è un aspetto critico da considerare nel contesto del Regolamento Generale sulla Protezione dei Dati (GDPR). Il GDPR stabilisce che i dati personali possono essere trasferiti solo verso paesi terzi che garantiscono un livello adeguato di protezione dei dati. Tuttavia, esistono strumenti legali che consentono il trasferimento dei dati anche verso paesi che non offrono un livello di protezione equivalente a quello dell'UE. In questa sezione, esamineremo i principali strumenti legali previsti dal GDPR per il trasferimento dei dati al di fuori dell'UE.

7.2.1 Clausole contrattuali tipo

Le clausole contrattuali tipo sono uno strumento legale ampiamente utilizzato per il trasferimento dei dati personali verso paesi terzi. Queste clausole sono modelli di contratto approvati dalla Commissione Europea che stabiliscono le condizioni per il trasferimento dei dati e garantiscono un livello adeguato di protezione dei dati personali. Le clausole contrattuali tipo possono essere utilizzate sia tra un responsabile del trattamento dell'UE e un responsabile del trattamento in un paese terzo, sia tra un responsabile del trattamento dell'UE e un sub-responsabile del trattamento in un paese terzo. È importante notare che le clausole contrattuali tipo devono essere utilizzate senza apportare modifiche, al fine di garantire la conformità al GDPR.

7.2.2 Regole aziendali vincolanti (Binding Corporate Rules - BCR)

Le Regole aziendali vincolanti (BCR) sono un altro strumento legale previsto dal GDPR per il trasferimento dei dati personali al di fuori dell'UE. Le BCR sono regole interne adottate da un gruppo di società che stabiliscono le condizioni per il trasferimento dei dati personali all'interno del gruppo stesso. Le BCR devono essere approvate dall'autorità di controllo competente e garantiscono un livello adeguato di protezione dei dati personali. Le BCR sono particolarmente utili per le aziende multinazionali che trasferiscono regolarmente dati personali tra le loro filiali in diversi paesi.

7.2.3 Meccanismi di certificazione e codici di condotta

Il GDPR prevede anche la possibilità di utilizzare meccanismi di certificazione e codici di condotta come strumenti legali per il trasferimento dei dati personali al di fuori dell'UE. I meccanismi di certificazione consentono alle organizzazioni di ottenere una certificazione da un organismo indipendente che attesti la conformità alle disposizioni del GDPR. I codici di condotta, invece, sono regole di condotta adottate da un'organizzazione o da un settore specifico che stabiliscono le condizioni per il trattamento dei dati personali. Entrambi questi strumenti possono essere utilizzati per dimostrare la conformità al GDPR e facilitare il trasferimento dei dati personali verso paesi terzi.

7.2.4 Deroghe specifiche

Il GDPR prevede alcune deroghe specifiche che consentono il trasferimento dei dati personali al di fuori dell'UE anche in assenza di un livello adeguato di protezione dei dati. Queste deroghe si applicano in situazioni specifiche, come ad esempio quando il trasferimento dei dati è necessario per l'esecuzione di un contratto tra l'interessato e il responsabile del trattamento, o quando l'interessato ha dato il suo consenso esplicito al trasferimento dei dati. Tuttavia, è importante valutare attentamente l'applicabilità di queste deroghe e assicurarsi di rispettare i requisiti previsti dal GDPR.

In conclusione, il GDPR prevede diversi strumenti legali per il trasferimento dei dati personali al di fuori dell'UE. Le clausole contrattuali tipo, le Regole aziendali vincolanti, i meccanismi di certificazione e i codici di condotta offrono soluzioni pratiche per garantire un livello adeguato di protezione dei dati personali. Tuttavia, è importante valutare attentamente quale strumento sia più adatto alle esigenze specifiche dell'organizzazione e assicurarsi di rispettare i requisiti previsti dal GDPR per il trasferimento dei dati personali.

7.3 Trasferimento dei dati verso paesi terzi

Il trasferimento dei dati personali al di fuori dell'Unione Europea (UE) è un argomento di grande importanza nel contesto del Regolamento Generale sulla Protezione dei Dati (GDPR). Quando i dati personali vengono inviati a paesi terzi, cioè paesi al di fuori dell'UE, è necessario garantire che tali trasferimenti avvengano nel rispetto delle disposizioni del GDPR.

Il GDPR stabilisce che i dati personali possono essere trasferiti verso paesi terzi solo se sono garantite adeguate misure di protezione dei dati. Questo significa che il paese terzo deve offrire un livello di protezione dei dati equivalente a quello previsto dal

GDPR. In assenza di un livello adeguato di protezione dei dati nel paese terzo, è necessario adottare misure aggiuntive per garantire la sicurezza dei dati personali trasferiti.

Esistono diversi strumenti legali che possono essere utilizzati per il trasferimento dei dati verso paesi terzi. Uno di questi strumenti è la decisione di adeguatezza, che viene adottata dalla Commissione Europea. Una decisione di adeguatezza stabilisce che un paese terzo offre un livello di protezione dei dati adeguato e quindi i dati personali possono essere trasferiti verso tale paese senza ulteriori misure di sicurezza.

Alcuni esempi di paesi terzi che hanno ricevuto una decisione di adeguatezza sono la Svizzera, il Canada e l'Argentina. Questi paesi sono considerati sicuri per il trasferimento dei dati personali in quanto offrono un livello di protezione dei dati equivalente a quello previsto dal GDPR.

Tuttavia, se il paese terzo in questione non ha ricevuto una decisione di adeguatezza, è necessario adottare misure aggiuntive per garantire la protezione dei dati personali trasferiti. Una di queste misure aggiuntive è l'utilizzo di clausole contrattuali standard approvate dalla Commissione Europea. Le clausole contrattuali standard sono clausole predefinite che stabiliscono le responsabilità delle parti coinvolte nel trasferimento dei dati e garantiscono un livello adeguato di protezione dei dati.

Un'altra misura aggiuntiva che può essere adottata è l'utilizzo di regole aziendali vincolanti (Binding Corporate Rules, BCR). Le BCR sono regole interne adottate da un gruppo di società che stabiliscono le modalità di trasferimento dei dati personali all'interno del gruppo stesso. Le BCR devono essere approvate dall'autorità di controllo competente e garantiscono un livello adeguato di protezione dei dati.

È importante sottolineare che il trasferimento dei dati personali verso paesi terzi deve essere adeguatamente documentato. Le organizzazioni devono tenere un registro dei trasferimenti dei dati personali verso paesi terzi, indicando il motivo del trasferimento, le misure di sicurezza adottate e le garanzie di protezione dei dati offerte dal paese terzo.

In caso di violazione dei dati personali trasferiti verso paesi terzi, è fondamentale notificare l'autorità di controllo competente e gli interessati alla violazione. Le organizzazioni devono adottare misure adeguate per gestire le violazioni dei dati e mitigare i rischi per i diritti e le libertà degli interessati.

In conclusione, il trasferimento dei dati personali verso paesi terzi è un aspetto cruciale da considerare nel contesto del GDPR. È necessario garantire che i trasferimenti avvengano nel rispetto delle disposizioni del GDPR e che siano adottate misure adeguate per proteggere i dati personali trasferiti. Le decisioni di adeguatezza, le clausole contrattuali standard e le BCR sono strumenti legali che possono essere utilizzati per garantire la sicurezza dei dati personali trasferiti verso paesi terzi.

8 Conformità al GDPR

8.1 Valutazione dell'impatto sulla protezione dei dati (DPIA)

La valutazione dell'impatto sulla protezione dei dati, nota anche come DPIA (Data Protection Impact Assessment), è uno strumento fondamentale previsto dal GDPR per garantire la conformità alla normativa sulla protezione dei dati. La DPIA è un processo che consente di identificare, valutare e mitigare i rischi per la privacy associati al trattamento dei dati personali.

La DPIA deve essere condotta in determinate circostanze, in particolare quando il trattamento dei dati presenta un rischio elevato per i diritti e le libertà delle persone interessate. Questo può includere, ad esempio, il trattamento di dati sensibili, il monitoraggio sistematico su larga scala delle persone o il trattamento di dati relativi a condanne penali e reati.

8.1.1 Quando è necessaria una DPIA?

La DPIA è obbligatoria in determinate situazioni, come previsto dall'articolo 35 del GDPR. È necessaria quando il trattamento dei dati presenta un rischio elevato per i diritti e le libertà delle persone interessate. Alcuni esempi di situazioni in cui è richiesta una DPIA includono:

- L'utilizzo di nuove tecnologie o metodi di trattamento che potrebbero comportare rischi per la privacy.
- Il trattamento di dati sensibili o di categorie particolari di dati personali.
- Il monitoraggio sistematico su larga scala delle persone, ad esempio attraverso telecamere di sorveglianza o sistemi di tracciamento GPS.
- La valutazione sistematica e approfondita degli aspetti personali relativi alle persone, basata su un trattamento automatizzato, compresa la profilazione.
- Il trattamento su larga scala di dati personali relativi a condanne penali e reati.

8.1.2 Come condurre una DPIA?

La DPIA deve essere condotta in modo sistematico e documentato. Il processo di DPIA può essere suddiviso in diverse fasi:

1. Identificazione: identificare il trattamento dei dati che richiede una DPIA e le finalità del trattamento.
2. Valutazione della necessità e proporzionalità: valutare se il trattamento dei dati è necessario per raggiungere le finalità previste e se è proporzionato rispetto al rischio per la privacy.
3. Valutazione dei rischi: identificare e valutare i rischi per la privacy associati al trattamento dei dati. Questo può includere rischi come la perdita, l'accesso non autorizzato, la divulgazione o l'alterazione dei dati personali.
4. Misurazione delle misure di mitigazione: identificare le misure di mitigazione dei rischi che possono essere adottate per ridurre o eliminare i rischi identificati.
5. Valutazione della conformità: valutare se il trattamento dei dati è conforme alle disposizioni del GDPR e ad altre normative sulla protezione dei dati.
6. Consultazione delle parti interessate: coinvolgere le persone interessate nel processo di DPIA, ascoltando le loro opinioni e considerando le loro preoccupazioni.
7. Documentazione: documentare il processo di DPIA, comprese le decisioni prese e le misure di mitigazione adottate.

8.1.3 Ruolo del Responsabile della Protezione dei Dati (DPO) nella DPIA

Il Responsabile della Protezione dei Dati (DPO) svolge un ruolo chiave nella conduzione della DPIA. Il DPO è responsabile di coordinare e supervisionare il processo di DPIA, garantendo che venga condotto in modo corretto e completo. Il DPO dovrebbe avere una conoscenza approfondita del GDPR e delle pratiche di protezione dei dati per poter valutare adeguatamente i rischi per la privacy e proporre misure di mitigazione adeguate.

Il DPO dovrebbe essere coinvolto fin dalle prime fasi del processo di DPIA, partecipando all'identificazione dei trattamenti dei dati che richiedono una DPIA e fornendo consulenza sulla valutazione dei rischi e sulle misure di mitigazione. Inoltre, il DPO dovrebbe garantire che la DPIA venga documentata in modo adeguato e che le decisioni prese siano conformi alle disposizioni del GDPR.

La DPIA è uno strumento fondamentale per garantire la protezione dei dati personali e la conformità al GDPR. Condurre una DPIA in modo corretto e completo aiuta a identificare e mitigare i rischi per la privacy associati al trattamento dei dati, proteggendo così i diritti e le libertà delle persone interessate.

8.2 Registro delle attività di trattamento

Il registro delle attività di trattamento è uno strumento fondamentale per garantire la conformità al GDPR. Questo registro rappresenta una documentazione dettagliata di tutte le attività di trattamento dei dati personali effettuate dall'organizzazione. Ogni organizzazione che tratta dati personali deve tenere un registro delle attività di trattamento, a meno che non sia esonerata da questa obbligazione.

8.2.1 Cosa è il registro delle attività di trattamento

Il registro delle attività di trattamento è un documento che contiene informazioni dettagliate sulle attività di trattamento dei dati personali effettuate dall'organizzazione. Questo registro deve essere tenuto in forma scritta, anche in formato elettronico, e deve essere facilmente accessibile alle autorità di controllo competenti.

Il registro delle attività di trattamento deve contenere le seguenti informazioni:

- Nome e dettagli di contatto del titolare del trattamento e, se del caso, del responsabile della protezione dei dati (DPO);
- Scopo del trattamento dei dati personali;
- Descrizione delle categorie di interessati e dei dati personali trattati;
- Descrizione delle categorie di destinatari a cui i dati personali possono essere comunicati;

- Trasferimenti di dati personali verso paesi terzi o organizzazioni internazionali, se del caso;
- Periodi di conservazione dei dati personali o i criteri utilizzati per determinare tali periodi;
- Descrizione delle misure tecniche e organizzative adottate per garantire la sicurezza dei dati personali;
- Descrizione delle misure adottate per garantire il rispetto dei diritti degli interessati;
- Descrizione delle misure adottate per gestire le violazioni dei dati personali;
- Descrizione delle misure adottate per garantire la protezione dei dati personali fin dalla progettazione (privacy by design) e per impostazione predefinita (privacy by default).

8.2.2 Importanza del registro delle attività di trattamento

Il registro delle attività di trattamento è un elemento chiave per dimostrare la conformità al GDPR. Tenere un registro accurato e aggiornato delle attività di trattamento dei dati personali consente all'organizzazione di avere una visione chiara e completa delle proprie pratiche di trattamento dei dati. Questo registro rappresenta una prova tangibile che l'organizzazione sta adempiendo ai propri obblighi di protezione dei dati.

Inoltre, il registro delle attività di trattamento è uno strumento utile per le autorità di controllo competenti. Le autorità di controllo possono richiedere l'accesso al registro per verificare la conformità dell'organizzazione al GDPR. In caso di violazioni dei dati personali, il registro delle attività di trattamento può essere utilizzato per identificare le cause e adottare le misure correttive necessarie.

8.2.3 Come creare un registro delle attività di trattamento

Per creare un registro delle attività di trattamento, è necessario seguire alcuni passaggi fondamentali:

1. Identificare tutte le attività di trattamento dei dati personali effettuate dall'organizzazione. Questo può includere la raccolta, la conservazione, la

consultazione, l'elaborazione, la comunicazione o la cancellazione dei dati personali.

2. Raccogliere le informazioni necessarie per ogni attività di trattamento identificata. Queste informazioni devono includere tutti i dettagli richiesti dal GDPR, come descritto nella sezione precedente.

3. Organizzare le informazioni raccolte in un formato strutturato e facilmente consultabile. È possibile utilizzare un modello predefinito o creare un proprio formato, a condizione che tutte le informazioni richieste siano incluse.

4. Mantenere il registro delle attività di trattamento aggiornato. È importante tenere traccia di eventuali modifiche alle attività di trattamento dei dati personali e aggiornare il registro di conseguenza.

5. Assicurarsi che il registro delle attività di trattamento sia facilmente accessibile alle autorità di controllo competenti. Questo può richiedere la creazione di una copia del registro in formato elettronico o la sua disponibilità su richiesta.

8.2.4 Verifica e revisione del registro delle attività di trattamento

È importante verificare regolarmente l'accuratezza e la completezza del registro delle attività di trattamento. Questa verifica può essere effettuata internamente dall'organizzazione o tramite un audit esterno condotto da un professionista della protezione dei dati.

Durante la verifica, è necessario assicurarsi che tutte le attività di trattamento dei dati personali siano correttamente documentate nel registro e che tutte le informazioni richieste siano incluse. In caso di discrepanze o omissioni, è necessario apportare le correzioni necessarie.

Inoltre, il registro delle attività di trattamento deve essere aggiornato in caso di modifiche alle attività di trattamento o alle normative applicabili. È importante tenere traccia di tali modifiche e aggiornare il registro di conseguenza.

8.2.5 Conservazione del registro delle attività di trattamento

Il registro delle attività di trattamento deve essere conservato per un periodo di tempo adeguato, come richiesto dal GDPR. Questo periodo di conservazione può variare a seconda delle normative nazionali e delle specifiche esigenze dell'organizzazione.

Durante il periodo di conservazione, è importante mantenere il registro in un luogo sicuro e accessibile solo al personale autorizzato. Inoltre, è necessario assicurarsi che il registro sia protetto da perdite, danni o accessi non autorizzati.

Al termine del periodo di conservazione, il registro delle attività di trattamento deve essere correttamente eliminato o distrutto in conformità alle normative applicabili sulla protezione dei dati.

8.3 Privacy by design e privacy by default

La privacy by design e la privacy by default sono due concetti fondamentali del GDPR che mirano a garantire la protezione dei dati personali fin dalla fase di progettazione di un sistema o di un servizio. Questi principi sono stati introdotti per garantire che la privacy e la sicurezza dei dati siano considerate fin dall'inizio e siano integrate in ogni aspetto del processo di sviluppo.

8.3.1 Privacy by design

La privacy by design si riferisce al concetto di progettare sistemi, applicazioni e servizi tenendo conto della privacy e della protezione dei dati personali fin dalla fase iniziale. Questo significa che la privacy deve essere considerata come un elemento fondamentale sin dall'inizio del processo di progettazione e non come un'aggiunta successiva.

Per implementare la privacy by design, è necessario adottare un approccio olistico che coinvolga tutte le fasi del ciclo di vita dei dati. Ciò include la raccolta, l'elaborazione, la conservazione e la distruzione dei dati personali. Durante la progettazione di un sistema o di un servizio, è importante considerare i seguenti aspetti:

- Minimizzazione dei dati: è necessario raccogliere solo i dati strettamente necessari per il raggiungimento delle finalità previste. In questo modo si riduce il rischio di raccolta eccessiva o non necessaria di dati personali.

- Limitazione dell'accesso: è importante limitare l'accesso ai dati personali solo alle persone autorizzate che ne hanno effettivamente bisogno per svolgere le proprie attività. Ciò può essere realizzato attraverso l'implementazione di controlli di accesso appropriati, come l'autenticazione e l'autorizzazione.

- Sicurezza dei dati: la sicurezza dei dati deve essere considerata fin dalla fase di progettazione. Ciò include l'adozione di misure tecniche e organizzative adeguate per proteggere i dati personali da accessi non autorizzati, perdite o danni.

- Trasparenza: è importante fornire agli interessati informazioni chiare e comprensibili sul trattamento dei loro dati personali. Ciò può essere realizzato attraverso l'adozione di politiche di privacy e di comunicazioni trasparenti.

8.3.2 Privacy by default

La privacy by default si riferisce alla configurazione predefinita di un sistema o di un servizio in modo tale che vengano adottate le misure di protezione dei dati più rigorose. Questo significa che, a meno che l'utente non apporti modifiche alle impostazioni, il sistema o il servizio deve garantire il massimo livello di privacy e protezione dei dati.

Per implementare la privacy by default, è necessario adottare le seguenti misure:

- Limitazione dei dati: i dati personali raccolti devono essere limitati al minimo necessario per il raggiungimento delle finalità previste. Inoltre, i dati non devono essere conservati per un periodo di tempo più lungo di quello necessario.

- Impostazioni di privacy predefinite: le impostazioni di privacy predefinite devono essere configurate in modo tale da garantire il massimo livello di protezione dei dati. Ad esempio, le impostazioni di condivisione dei dati devono essere impostate su "privato" di default.

- Accesso limitato: l'accesso ai dati personali deve essere limitato solo alle persone autorizzate che ne hanno effettivamente bisogno per svolgere le proprie attività. Inoltre, l'accesso ai dati sensibili deve essere ancora più limitato.

- Trasparenza: le informazioni sul trattamento dei dati personali devono essere fornite in modo chiaro e comprensibile agli interessati. Inoltre, gli utenti devono essere informati delle opzioni disponibili per modificare le impostazioni di privacy predefinite.

La privacy by design e la privacy by default sono due principi fondamentali del GDPR che mirano a garantire la protezione dei dati personali fin dalla fase di progettazione di un sistema o di un servizio. Implementare questi principi non solo aiuta a garantire la conformità al GDPR, ma contribuisce anche a creare un ambiente di fiducia per gli utenti e a promuovere una cultura della privacy all'interno delle organizzazioni.

8.4 Responsabilità e sanzioni

La conformità al GDPR è un aspetto fondamentale per tutte le organizzazioni che trattano dati personali. È importante comprendere le responsabilità che derivano dal trattamento dei dati e le possibili sanzioni in caso di violazione delle norme del

GDPR. In questa sezione, esploreremo le responsabilità delle organizzazioni e le sanzioni previste dal regolamento.

8.4.1 Responsabilità dell'organizzazione

Le organizzazioni che trattano dati personali devono assumersi la responsabilità di garantire la conformità al GDPR. Ciò implica l'adozione di misure adeguate per proteggere i dati personali e rispettare i diritti degli interessati. Le principali responsabilità delle organizzazioni includono:

8.4.1.1 Designazione di un responsabile della protezione dei dati (DPO)

Le organizzazioni che trattano dati personali su larga scala o che trattano categorie particolari di dati devono designare un responsabile della protezione dei dati (DPO). Il DPO è responsabile di monitorare la conformità al GDPR, fornire consulenza interna e fungere da punto di contatto per le autorità di controllo e gli interessati.

8.4.1.2 Implementazione di misure tecniche e organizzative adeguate

Le organizzazioni devono adottare misure tecniche e organizzative adeguate per garantire la sicurezza dei dati personali. Ciò include l'implementazione di politiche e procedure per la gestione dei dati, la formazione del personale e l'adozione di misure di sicurezza informatica.

8.4.1.3 Tenuta di un registro delle attività di trattamento

Le organizzazioni devono mantenere un registro delle attività di trattamento dei dati personali. Questo registro deve contenere informazioni dettagliate sulle operazioni di trattamento, compresi i tipi di dati trattati, le finalità del trattamento, le categorie di interessati e le eventuali comunicazioni dei dati a terzi.

8.4.1.4 Valutazione dell'impatto sulla protezione dei dati (DPIA)

Le organizzazioni devono condurre una valutazione dell'impatto sulla protezione dei dati (DPIA) per identificare e mitigare i rischi associati al trattamento dei dati personali. La DPIA è obbligatoria per le operazioni di trattamento che comportano rischi elevati per i diritti e le libertà degli interessati.

8.4.2 Sanzioni

Il GDPR prevede sanzioni significative per le organizzazioni che violano le disposizioni del regolamento. Le sanzioni possono essere comminate dalle autorità di controllo e possono includere:

8.4.2.1 Ammende amministrative

Le autorità di controllo possono comminare ammende amministrative alle organizzazioni che violano il GDPR. L'importo delle ammende dipende dalla gravità della violazione e può arrivare fino al 4% del fatturato annuo globale dell'organizzazione o fino a 20 milioni di euro, a seconda di quale importo sia più elevato.

8.4.2.2 Avvertimenti e richiami

Le autorità di controllo possono emettere avvertimenti o richiami alle organizzazioni che violano il GDPR. Questi avvisi possono essere accompagnati da prescrizioni specifiche per correggere le violazioni e garantire la conformità al regolamento.

8.4.2.3 Divieto di trattamento

Le autorità di controllo possono imporre un divieto di trattamento dei dati personali alle organizzazioni che violano il GDPR. Questo divieto può essere temporaneo o permanente e può avere gravi conseguenze per le attività dell'organizzazione.

8.4.2.4 Risarcimento dei danni

Le organizzazioni che violano il GDPR possono essere soggette a richieste di risarcimento dei danni da parte degli interessati. Queste richieste possono riguardare danni materiali o immateriali causati dalla violazione delle norme sulla protezione dei dati.

È importante sottolineare che le sanzioni previste dal GDPR sono proporzionate alla gravità delle violazioni e sono finalizzate a garantire un trattamento adeguato e sicuro dei dati personali. Le organizzazioni devono quindi adottare tutte le misure necessarie per garantire la conformità al regolamento e mitigare i rischi associati al trattamento dei dati personali.

8.5 Cooperazione e coordinamento delle autorità di controllo

Le autorità di controllo svolgono un ruolo fondamentale nell'applicazione e nell'interpretazione del GDPR. Queste autorità sono responsabili di garantire che le disposizioni del regolamento vengano rispettate e che i diritti degli interessati siano tutelati. Inoltre, le autorità di controllo sono incaricate di promuovere la cooperazione tra gli Stati membri e di coordinare le attività di controllo transfrontaliere.

8.5.1 Cooperazione tra le autorità di controllo

Il GDPR prevede un sistema di cooperazione tra le autorità di controllo degli Stati membri. Questo sistema è finalizzato a garantire un'applicazione uniforme del regolamento in tutta l'Unione Europea. Le autorità di controllo devono cooperare tra loro, scambiando informazioni e fornendo assistenza reciproca.

La cooperazione tra le autorità di controllo avviene attraverso il Comitato europeo per la protezione dei dati (EDPB). Questo comitato è composto dai rappresentanti delle autorità di controllo di tutti gli Stati membri e svolge un ruolo di coordinamento e consulenza. Il compito principale dell'EDPB è quello di garantire l'applicazione coerente del GDPR in tutta l'Unione Europea.

Le autorità di controllo devono anche fornire assistenza reciproca quando una di esse è coinvolta in un'indagine o in un'azione di controllo che riguarda dati personali che interessano più Stati membri. Questa assistenza può includere l'invio di personale o l'accesso a documenti e informazioni rilevanti.

8.5.2 Coordinamento delle attività di controllo transfrontaliere

Il GDPR prevede anche un meccanismo di coordinamento delle attività di controllo transfrontaliere. Questo meccanismo è necessario perché molte organizzazioni operano in più Stati membri e trattano dati personali che riguardano cittadini di diversi paesi dell'Unione Europea.

Quando un'organizzazione opera in più Stati membri, è considerata "responsabile del trattamento" e deve rispettare le disposizioni del GDPR in tutti gli Stati in cui opera. Inoltre, l'organizzazione deve nominare un rappresentante in uno degli Stati membri in cui opera, che fungerà da punto di contatto per le autorità di controllo.

Le autorità di controllo dei diversi Stati membri devono cooperare tra loro per garantire un'efficace applicazione del GDPR. Questa cooperazione avviene attraverso il meccanismo di coordinamento delle attività di controllo transfrontaliere. Le autorità di controllo coinvolte devono scambiarsi informazioni e coordinare le loro azioni di controllo.

8.5.3 Risoluzione delle controversie tra autorità di controllo

Nel caso in cui sorgano controversie tra autorità di controllo riguardo all'applicazione del GDPR, il regolamento prevede un meccanismo di risoluzione delle controversie. Questo meccanismo è finalizzato a garantire una soluzione rapida ed efficace delle controversie, evitando ritardi e incertezze.

Il meccanismo di risoluzione delle controversie prevede che le autorità di controllo coinvolte si consultino reciprocamente e tentino di raggiungere un accordo. Se le autorità di controllo non riescono a raggiungere un accordo entro un determinato periodo di tempo, la controversia può essere sottoposta al Comitato europeo per la protezione dei dati (EDPB) per una decisione finale.

La decisione del Comitato europeo per la protezione dei dati (EDPB) è vincolante per le autorità di controllo coinvolte nella controversia. Questa decisione deve essere attuata senza indugio e le autorità di controllo devono adottare tutte le misure necessarie per conformarsi alla decisione.

8.5.4 Sanzioni per la mancata cooperazione

Il GDPR prevede sanzioni per le autorità di controllo che non cooperano o non adempiono ai loro obblighi di cooperazione.

Queste sanzioni possono includere multe amministrative e altre misure correttive.

Le sanzioni per la mancata cooperazione sono finalizzate a garantire che le autorità di controllo rispettino i loro obblighi e svolgano il loro ruolo in modo efficace. La cooperazione tra le autorità di controllo è fondamentale per garantire un'applicazione uniforme del GDPR e per tutelare i diritti degli interessati.

In conclusione, la cooperazione e il coordinamento delle autorità di controllo sono elementi chiave per garantire un'applicazione uniforme del GDPR in tutta l'Unione Europea. Le autorità di controllo devono cooperare tra loro, scambiando informazioni e fornendo assistenza reciproca. Inoltre, devono coordinare le attività di controllo transfrontaliere e risolvere eventuali controversie in modo rapido ed efficace. La mancata cooperazione può comportare sanzioni per le autorità di controllo coinvolte.

8.6 Aggiornamenti e adattamenti al GDPR

Il Regolamento Generale sulla Protezione dei Dati (GDPR) è entrato in vigore il 25 maggio 2018, ma ciò non significa che sia una normativa statica. Al contrario, il GDPR è un regolamento dinamico che richiede aggiornamenti e adattamenti costanti per rimanere in linea con le nuove sfide e le evoluzioni tecnologiche. In questa sezione, esploreremo l'importanza degli aggiornamenti e degli adattamenti al GDPR e forniremo alcune linee guida su come mantenerlo sempre aggiornato.

8.6.1 Monitoraggio delle modifiche normative

Il GDPR è un regolamento che può subire modifiche e integrazioni nel tempo. È fondamentale che le organizzazioni e i professionisti che lavorano con dati personali siano consapevoli di queste modifiche e le monitorino attentamente. Per rimanere aggiornati sulle modifiche normative, è consigliabile seguire i canali ufficiali delle autorità di controllo, come l'Autorità Garante per la protezione dei dati personali, e partecipare a conferenze, seminari e corsi di formazione sul GDPR.

8.6.2 Adattamenti alle nuove tecnologie

Le nuove tecnologie, come l'intelligenza artificiale, l'Internet delle cose e il cloud computing, stanno continuamente cambiando il modo in cui vengono raccolti, elaborati e conservati i dati personali. Di conseguenza, è necessario adattare il GDPR per affrontare le sfide e le opportunità che queste nuove tecnologie presentano. Le organizzazioni devono essere consapevoli delle implicazioni del GDPR sulle nuove tecnologie e adottare misure adeguate per garantire la conformità.

8.6.3 Valutazione periodica dell'impatto sulla protezione dei dati (DPIA)

La Valutazione dell'Impatto sulla Protezione dei Dati (DPIA) è uno strumento fondamentale per identificare e mitigare i rischi associati al trattamento dei dati personali. È importante condurre una DPIA iniziale per valutare l'impatto del GDPR sulle attività di trattamento dei dati e successivamente effettuare valutazioni periodiche per garantire che le misure di sicurezza e protezione dei dati siano ancora adeguate. La DPIA dovrebbe essere un processo continuo e iterativo per adattarsi ai cambiamenti normativi e tecnologici.

8.6.4 Formazione e sensibilizzazione del personale

Per garantire la conformità al GDPR, è essenziale che tutto il personale sia adeguatamente formato e sensibilizzato alle norme sulla protezione dei dati. Le organizzazioni dovrebbero fornire regolarmente formazione sul GDPR, evidenziando le modifiche normative e le best practice per la gestione dei dati personali. Inoltre, è importante promuovere una cultura della privacy all'interno dell'organizzazione, in cui tutti i dipendenti comprendano l'importanza della protezione dei dati e siano coinvolti attivamente nel rispetto del GDPR.

8.6.5 Coinvolgimento degli esperti

Date le complessità del GDPR e la sua natura in continua evoluzione, può essere utile coinvolgere esperti esterni per garantire la conformità. Gli esperti legali specializzati in protezione dei dati possono fornire consulenza e supporto nella gestione delle questioni legate al GDPR. Inoltre, le organizzazioni possono considerare l'opportunità di nominare un Responsabile della Protezione dei Dati (DPO) interno o esterno, che abbia le competenze necessarie per monitorare e garantire la conformità al GDPR.

8.6.6 Monitoraggio delle best practice

Oltre a seguire le modifiche normative, è importante monitorare anche le best practice nel settore della protezione dei dati. Le organizzazioni possono trarre vantaggio dall'analisi delle esperienze di altre organizzazioni, dalle raccomandazioni delle autorità di controllo e dalle linee guida pubblicate da organizzazioni internazionali. Il monitoraggio delle best practice consente alle organizzazioni di adottare approcci innovativi e di migliorare continuamente le proprie politiche e procedure per la protezione dei dati.

8.6.7 Audit interni

Gli audit interni sono uno strumento efficace per valutare la conformità al GDPR e identificare eventuali lacune o aree di miglioramento. Le organizzazioni dovrebbero condurre regolarmente audit interni per valutare l'efficacia delle misure di protezione dei dati e garantire che siano in linea con le disposizioni del GDPR. Gli audit interni dovrebbero essere condotti da personale qualificato e indipendente, che abbia una conoscenza approfondita del GDPR e delle best practice nel settore della protezione dei dati.

8.6.8 Collaborazione con le autorità di controllo

Le autorità di controllo svolgono un ruolo fondamentale nell'applicazione e nell'interpretazione del GDPR. Le organizzazioni dovrebbero mantenere una comunicazione aperta e collaborativa con le autorità di controllo, fornendo loro le informazioni richieste e rispondendo tempestivamente alle loro richieste. Inoltre, le organizzazioni possono partecipare a gruppi di lavoro e consultazioni pubbliche organizzate dalle autorità di controllo per contribuire alla definizione delle linee guida e delle best practice nel settore della protezione dei dati.

8.6.9 Mantenere una cultura della privacy

Infine, è fondamentale mantenere una cultura della privacy all'interno dell'organizzazione. Ciò significa che la protezione dei dati deve essere considerata una priorità e integrata in tutte le attività e i processi aziendali. Le organizzazioni dovrebbero promuovere la consapevolezza della privacy tra il personale, adottare politiche e procedure chiare per la gestione dei dati personali e garantire che le misure di sicurezza siano regolarmente valutate e aggiornate.

In conclusione, il GDPR è una normativa dinamica che richiede aggiornamenti e adattamenti costanti. Le organizzazioni e i professionisti che lavorano con dati personali devono monitorare le modifiche normative, adattarsi alle nuove tecnologie, condurre valutazioni periodiche dell'impatto sulla protezione dei dati, formare il personale, coinvolgere esperti esterni, monitorare le best practice, condurre audit interni, collaborare con le autorità di controllo e mantenere una cultura della privacy. Solo attraverso questi sforzi continui sarà possibile garantire la conformità al GDPR e proteggere efficacemente i dati personali.

Copyright © 2024 Marco Coan

Tutti i diritti riservati.

Codice ISBN: 9798321915066

www.ingramcontent.com/pod-product-compliance
Lightning Source LLC
Chambersburg PA
CBHW071102240526
45471CB00016B/2403